U0097816

命理生活新智慧・叢書37

《上冊》

http://www.venusco555.com
E-mail: venusco@tomail.com.tw

法雲居士◎著

國家圖書館出版品預行編目資料

紫微斗數詳析《上冊》／法雲居士著，--
第1版.--臺北市：金星出版：紅螞蟻總經
銷，2000[民89]
冊；　　公分--（命理生活新智慧叢
書；34）

ISBN 957-8270-25-9（平裝）

1.命書

293.1

紫微斗數詳析《上冊》

作　　者：法雲居士
發 行 人：袁光明
社　　長：袁靜石
編　　輯：王璟琪
總 經 理：袁玉成
出 版 者：金星出版社
社
地址：台北市南京東路3段201號3樓
電
電話：886-2--25630620●886-2-2362-6655
傳
FAX：886-2365-2425
郵政劃
總 經 銷：紅螞蟻圖書有限公司
地　　址：台北市內湖區舊宗路二段121巷28・32號4樓
電　　話：(02)27953656(代表號)
網　　址：www.venusco.com.tw
http://www.venusco555.com
E-mail　：venusco@pchome.com.tw
venus@venusco.com.tw

版　　次：2000年11月第1版　2006年9月新刷
登 記 證：行政院新聞局局版北市業字第653號
法律顧問：郭啟疆律師
定　　價：300 元

行政院新聞局局版北字業字第 653 號
(本書遇有缺頁、破損倒裝請寄回更換)

ISBN：957-8270-25-9 (平裝)

序

紫微斗數的原始文字，原繫於幾篇賦論之中，經歷代後人加之重補，增補的文章，以及歌訣、注解，今人將之彙集成書，稱之為『紫微斗數全書』。託之為宋代陳希夷先生所著。我們從這些文章中可見到提及的『白玉蟾先生曰』，白玉蟾先生與陳希夷先生生存時間先後差距兩百年，晚了陳希夷先生這麼多。陳希夷先生是五代末期，北宋前期時代的人，原名陳摶，為宋太宗賜號『希夷先生』。卒於宋太宗端拱元年。（西元九八九年）留下『指玄篇』、『三峰寓言』等著作。比另一命理大師邵雍『康節先生』還早。但是並未見有特別標明有關『紫微斗數』之論著。

白玉蟾先生原名葛長庚，生於宋光宗時代，大約在西元一一九四年。同時代的名人朱熹已垂垂老矣，有六、七十歲的高齡了。

由這樣一個時代背景看來，可知『紫微斗數』這一門命學的發展是經過長時期的演變、過程的。有關『紫微斗數』的論著，也多半是後人填加，再假託前人知名的命理學者，與以附會之說。

但無論如何，『紫微斗數』發展至今，已十分完備。而且『紫微斗數』非常合於現代科技的發展，適用於電腦的快速運算過程。這種能跟得上時代腳步，又能超越時空限制的命理學，勢必在未來高科技前衛的時空宇宙中，做領航導引的工作。

現今學習『紫微斗數』的人士非常多，會排命盤，又能解讀，但是對紫微斗數的原文風貌並不一定完全通達。況且在這些歌訣評註中也有許多誤謬之處，因此我特將這些文字再重新堪訂解析，把原文和目前我們所運用的斗數知識做一個溝通聯繫，以期對新加入『紫微斗數』世界的人，和對『紫微斗數』一知半解的、並不完全明瞭的人有一點幫助。

此書是根據武陵出版社所出版的『紫微斗數全書』的彙文來做的詳析，也訂正了其中的錯字和有執疑的地方。希望讀者會喜歡。

法雲居士　謹記

命理生活叢書37

紫微斗數全書詳析《上冊》

目錄

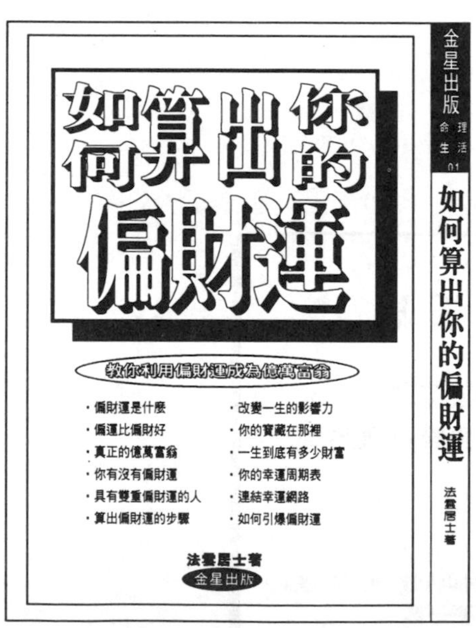
如何算出你的偏財運
教你利用偏財運成為億萬富翁
・偏財運是什麼
・偏運比偏財好
・真正的億萬富翁
・你有沒有偏財運
・具有雙重偏財運的人
・算出偏財運的步驟
・改變一生的影響力
・你的寶藏在那裡
・一生到底有多少財富
・你的幸運周期表
・連結幸運網路
・如何引爆偏財運
法雲居士著
金星出版
金星出版
命理生活 01
如何算出你的偏財運
法雲居士著

1. 太微賦 詳析

太微賦

【原文】

斗數至玄至微，理旨易明，雖設問於百篇之中，猶有言而未盡，至如星之分野各有所屬，壽夭賢愚、富貴貧賤不可一概論議。其星分布一十二垣數，定乎三十六位。入廟為奇，失度為虛。大抵以身命為福德之本，加以根源無窮通之資。星有同纏，數有分定，須明其生剋之要，必詳乎得垣失度之分。觀乎紫微舍纏，司一天儀之象，卒列宿而成垣。土星苟居其垣，若可動移。

金星專司財庫，最怕空亡。帝居動則列宿奔馳，貪守空而財源不聚，各司其職。不可參差，苟或不察其機，更忘其變，則數之造化遠矣。

例曰祿逢沖破吉處藏凶，馬遇空亡終身奔走，生逢敗地發也虛花，絕處逢生生花不敗。星臨廟旺再觀生剋之機。

【解析】

紫微斗數這一門學問是非常玄妙和精微的，其內含的道理和旨義都是很簡單容易明瞭的。雖然只將問題放置放百篇文章之中，似乎有點言之未盡。就像星曜的分界，每一個都各有歸屬而不一樣，因此造成每一個人的命數中或有長壽者、或有早夭者、有賢明的、有愚昧的、有富貴的人，也有貧窮下賤的命格的人，是不能一概而論的。斗數中，星曜分布在十二宮中，以三十六種不同的層次來定位，以星曜入廟旺度最高，以星曜陷落為失度，是最不好的。論命時大都以身宮、命宮為一個人命運的根本基礎，再看看其根源上有沒有好的資質能幫助他有造化。星曜有同位次的時候，命數也會各有定數。必須先看清楚星與星之間是相合有利的，還是相剋有害的才能定。還要必須詳細觀察星曜的旺度是否在旺位或陷位的分別。更要看紫微星居於何宮？又在何位置？旺度位次是如何？紫微星所在的宮位之位置，就會主導一種天儀之象。（紫微星在何宮，就會形成何種命盤格式的人。例如紫微在子宮，就是『紫微在子』命盤格式的人。）

紫微星坐定後，其他諸星一一安在十二宮中，因此各個星宿排列起來，很像一道圓形的城牆，圍住紫微星。紫微星屬土，是土星。因此紫微星坐落於眾星拱照之中，此時就不能再移動了。

金星是武曲星，是專司財富祿庫之星，最害怕有空亡來同宮，這樣錢財會守不住。紫微星若是動搖了，指的是紫微星若是落於別的宮位，則各位星曜的組合落位也就會不一樣了。例如紫微在子宮獨坐時居平位，對宮是貪狼星。紫微在丑宮時是和破軍同宮，紫微居廟位，破軍居旺，對宮是天相居得地位。此時紫微星同宮和對宮的星曜組合都不一樣了。整個命盤格局也不一樣了。所以說『帝居動則列宿奔馳』。貪狼和天空、地劫或空亡同宮，有錢財成空、耗財、破財之困擾，錢是留不住的。倘若用隨便的態度，或不深察星的含義，或是更忘記星的旺度在各位置是有變化的，則命數上的造化就差的遠了！

例如說：祿存逢到天空、地劫稱之為『祿逢沖破』，縱然是有其他的吉星同宮，但也是吉裡面藏有凶兆，因為錢財是不易留存的。天馬遇到空亡同宮，是十分勞碌奔波的人，一輩子奔波不停又沒有錢。即使在人生的大運運限中走到不好的運程，縱然是暴發了也是曇花一現，很快就暴落了（此處指的是大運逢衰運又遇流年是暴發運格之年）。人在不好的大運運程中逢到流年、流月、流日好，仍是可立於不敗之地的。星曜在廟位（最旺）之位，仍是要觀看與其同宮的星，或對宮的星，或三合、四方宮位的星，是否會和其相合或是相剋的因素，才能定出吉凶。

【原文】

命生強宮細察制化之理。日月最嫌反背，祿馬最喜交馳。倘居空亡得失最為要緊，若逢敗地扶持大有奇功。紫微天府全依輔弼之功，七殺破軍專依羊鈴之虐。諸星吉，逢凶也吉。諸星凶，逢吉也凶。輔弼夾帝為上品，桃花犯主為至淫。君臣慶會材擅經邦，魁鉞同行位居台輔。祿文拱命貴而且賢，日月夾財不權則富。馬頭帶箭鎮衛邊疆，刑囚夾印刑杖惟司，善蔭朝綱仁慈之長。

【解析】

人之命宮若安在強宮，星曜是吉星而且旺度高，也必須要仔細觀察其命理格局上有沒有相合或相剋制的地方。命格中最怕是有『日月反背』的格局，（太陽和太陰皆落陷）。命格中最喜歡有『祿馬交馳』的格局。（祿存、化祿和天馬同宮）。倘若命格中有空亡、天空、地劫等星出現，最要緊的是要看看會不會是在『命、財、官』三方宮位之中？因為在此三方之位，一生奔勞無力。倘若命宮在落陷之位，就要看看在三方宮位中有沒有可扶持的星曜？若是有，則也能有奇特相助的效用。

紫微星、天府星都需要左輔、右弼來輔助，會有更大的功效。七殺和破軍遇到羊陀、火鈴同宮時，是更肆虐為惡的。命格的格局好，『命、財、官』中都是吉星，就是逢到流運不好，也是人生命運吉利的時候多。倘若『命、財、官』都是凶星，就算是逢到吉運，一生的命運財祿也是不好的。

左輔、右弼相夾紫微帝座，為『輔弼拱主』格，此為上品之命格。紫微、貪狼同宮為『桃花犯主』格，是非常荒淫的格局。紫微、左輔、右弼同宮稱為『君臣慶會』格，有此格的人，其才能可治理國事。（只有紫微坐命和左輔、右弼會在丑、未宮同宮。）有天魁、天鉞同宮坐命的人，成就高、地位高可位居閣台輔助國事。（天魁、天鉞不會同宮，只會在丑、未宮相照）有祿存、化祿、文昌、文曲在命宮三合宮位相照守稱之為『祿文拱命』格，有此格局的人是地位高貴，而且賢能聰敏的人。有太陽、太陰在兩旁夾財帛宮，或相夾財星武曲的格局，稱是為『日月夾財』，是一定會有權位的人，要不然就是主富之人。（此處指的是『紫微在巳』命盤格式中，武貪坐命丑宮，或武貪為財帛宮的人，兩臨宮有陽巨和同陰出現，太陽居旺，太陰居廟，相夾武曲財星的狀況）。

命格是擎羊坐命午宮，在子宮有同陰相照的命格，稱之為『馬頭帶箭』格，有此格的人，多從事武職，或與爭鬥有關的工作，命格強勢，成就會很大，可做到大將軍，在邊疆殺敵立威成名。有『刑因夾印』格的人，會遇到官非、刑事處罰之事。（廉貞、天相、擎羊同宮，稱之『刑囚夾印』格）

天機、天梁同宮，三方又有吉星照守的命格稱之為『善蔭朝綱』，是心地仁慈的人，且有蔭福主貴，可入政府機構處理政事。

【原文】

貴入貴鄉，逢者富貴。財居財位，遇者富奢。太陽居午，謂曰麗中天，有專權之貴、敵國之富。太陰居子，號曰水澄桂萼，得清要之職、忠諫之材。紫微、輔弼同宮，一呼百諾居上品。文耗居寅卯，謂之眾水朝東。日月守不如照合，蔭福聚不怕凶危。貪居亥子名為泛水桃花，刑遇貪狼號曰風流綵杖。七殺廉貞同位路上埋屍，破軍暗曜同鄉水中作塚。祿居奴僕，縱有官也奔馳。帝遇凶徒雖獲吉而無道。帝坐金車則曰金輿捧櫛。福安文曜之王袖天香。太陽會文昌於官祿，皇殿朝班富貴全美，太陰會文曲於妻宮，蟾宮折桂文章全盛。祿存守於田財，堆金積玉。財蔭坐於遷移巨商高賈。耗居祿位沿途乞食。貪會旺宮終身鼠竊。殺居絕地，天年夭似顏回。貪坐生鄉，壽考永如彭祖。忌、暗同居身、命、疾厄沈困尪羸，凶星會於父母、遷移，刑傷破祖。

刑殺同廉貞於官祿，枷杻難逃。官符加刑殺於遷移，離鄉遭配。善福居空位，天竺生涯。輔弼單守命宮，離宗庶出。七殺臨於身命，加惡殺必定死亡。羚羊合於命宮遇白虎，須當刑戮。官府發於吉曜，流殺怕逢破軍，羊鈴憑太歲以引行。病符、官符皆作禍，奏書、博士與流祿盡作吉祥。力士、將軍同青龍顯其權勢。童子限如水上泡漚，老入限似風中燃燭。遇殺無制乃流年最忌。人生榮辱限元必有休咎。處世孤貧，命限逢乎駁雜。學至此誠玄微矣。

【解析】

倘若命格中有主貴的星，例如有『陽梁昌祿』格的人，是主富貴的人。財星如武曲、天府、祿存、化祿、太陰等居於財帛宮的人，有此命格的主富有。太陽居於午宮入命的人，稱之『日麗中天』格，會有權勢地位，也極具富有之格。太陰居於子宮，稱之『水澄桂萼』格，會有清高機要的職位，同樣也是具有忠誠、耿直、肯納諫言的人材。

紫微星和左輔、右弼同宮坐命的人，是『君臣慶會』格的人，能服眾，具有權威性，有政治長才，會有上品之官位。文昌、文曲及破軍星，若同宮在寅宮、卯宮，稱之『眾水朝東』格。此為貧窮及有水厄刑剋的格局。太陽、太陰同宮坐命，不如日月在對宮相照，或是在三合宮位相照。（因為日月守命，遷移宮、財帛宮是空宮，並且官祿宮是天梁陷落不吉。）有天同、天梁同宮坐命的人，因為是福星、蔭星的關係，是較不怕刑剋、凶災的。貪狼星居於子宮、亥宮等水宮，稱之為『泛水桃花』格，刑星陀羅和貪狼同宮稱之『風流彩杖』格，是好色淫蕩的命格。七殺和廉貞同宮，再遇羊、陀，是『廉殺羊』、『廉殺陀』的格局，會有路上埋屍之憾。（現今引伸為車禍傷亡。）破軍和巨門因為皆為五行屬水之星，在大運、流年、流月、流日中重逢，會有水厄，葬身水中身亡。

祿星（如祿存或化祿）出現在僕役宮，縱使其人在做官，也會為朋友或部屬而勞碌奔忙。紫微星和凶星同宮坐命，雖然看起來命不錯，但其人性凶，不講道義，心術也不正。紫微帝座入命宮，三合宮位中有武曲、天府居廟、居旺來同宮或相照的命格稱之『金輿捧櫛』。

福德宮中有文昌、文曲同宮的命格，稱之『玉袖天香』格（只會在丑、未宮同宮）。官祿宮有太陽、文昌的命格是『陽梁昌祿』格，可以政府機構任職，職位、財祿皆不錯（其實命格中其他四方三合宮位中能有太陽、文昌、祿星的亦可形成『陽梁昌祿』格）。太陰和文曲星一同出現在夫妻宮的人，稱為『蟾宮新桂』格，有文筆、學問可寫出蓋世的文章出來。田宅宮有祿存的人，房地產和不動產多，家產如金玉堆積一般，是個富人。遷移宮中有財星居廟、居旺位的人，是做大生意的商人。例如貪狼坐命辰、戌宮的人，遷移宮是武曲居廟，宜從商可為巨賈。

破軍、文曲在財帛宮、官祿宮的人，窮困。生活不易，恐怕要做乞丐。貪狼、廉貞相會於『命、財、官、遷』等宮，再有刑星羊陀、火鈴來同度的人，終身會做鼠竊宵小之輩。在人之運限中，有殺星（羊、陀、火、鈴、巨門、七殺、破軍等星或有『羊陀夾忌』之惡格者）於大運、流年、流月，三度重逢者，謂之『殺居絕地』，有性命之憂，就會像顏回那麼短命了。貪狼居旺坐命的人，壽命都很長，像彭祖一樣長命（命宮中有貪狼居旺的人，壽命都近百歲，也有百歲出頭的人。例如蔣宋美齡女士是武貪坐命的人，壽命已過百歲。）忌星如擎羊、陀羅、化忌。暗星是巨門星，這些星如果在命宮或身宮，以及疾厄宮一同出現時，此人是一個體弱多病，或是有殘疾的貧困之人。父母宮、遷移宮中有凶星、煞星的人，有刑剋父母、破祖離鄉的問題。刑星（指羊、陀）殺星（指七殺）和廉貞同宮於官祿宮，是『廉殺羊』、『廉殺陀』在官祿宮中，流年、流月逢到，會有官非、牢獄之災。遷移宮中有官符和刑星（羊、陀），殺星（七殺），是犯官事被判刑，發配邊疆做刑囚，遠離家鄉的人。

天機、天同坐命的人，若有天空星、空亡同宮，會入空門，過佛道的生活。左輔、右弼單星坐命在命宮中的人，是外室（姨太太）所生的人，或是過繼給他人之子。七殺在身宮、命宮的人，若再有惡星、煞星，例如羊、陀、火、鈴、劫空、化忌，有數個惡星同宮的人，會不得善終而死亡。鈴星、擎羊在命宮，又有白虎星同宮的人，要小心刑剋的問題。官府是流年歲前諸星，主訟，有口舌刑杖之災，縱然與吉星同宮也要小心。流年殺星最怕逢到破軍，會有血光、財祿方面的破耗。擎羊、鈴星，是以存在於流年中最不好，會製造災禍的。病符、官符皆是帶病、帶禍的災星，皆不吉。奏書、博士是吉星，它們和流年祿星（化祿和祿存）相遇，主聰明，有文藝才能而得財祿，是非常吉祥的。力士和將軍，以及青龍這三顆屬於『生年博士十二神』之星，是吉祥的。倘若在流年、流月的宮位中出現，可展現威猛的氣度，而有權威。

嬰、幼兒的限運好比水上的泡沫（因為古代嬰幼兒不好養。並且嬰幼兒限運以母親的運氣為主導。若與母親有刑剋，或母親運不佳，嬰幼兒不易養活，命如泡沫般消失。）

老人的限運好像風中點蠟燭，是風燭殘年。流年中最忌諱的是有殺星而無法制衡。人生中榮譽的事、屈辱的事、生命的長短極限，一定有吉、有凶。一個人會孤獨、貧困的活在世上，其命理格局和運限一定是吉星、凶星斑駁雜呈，交相刑剋的，我們探討到此，實在是十分玄妙精微了。

2. 形性賦 詳析

形性賦

【原文】

原夫紫微帝座生為厚重之容，天府尊星當主純和之體，金烏圓滿玉兔清奇。天機為不長不短之資，情懷好善。武曲乃至剛至毅之操，心性果決。天同肥滿，目秀清奇。廉貞眉寬，口闊面橫，為人性暴好忿好爭。貪狼為善惡之星，入廟必應長聳，出垣必定頑嚚。巨門乃是非之曜，在廟敦厚溫良；天相精神、相貌持重。天梁穩重心事，玉潔冰清。七殺如子路暴虎馮河。火鈴似豫讓吞炭裝啞。暴虎馮河兮自災凶狼，吞炭裝啞兮暗狼聲沈。俊雅文昌眉清目秀。磊落文曲，口舌便佞，在廟定生異痣，失陷必有班痕。左輔、右弼溫良，規模端莊高士。天魁天鉞具足威儀，重合三台則十全模範。擎羊陀羅形醜貌麁（註①），有矯詐體態。破軍不仁，背重眉寬，行坐腰斜，奸詐好行驚險。性貌如春和藹乃是祿存之盛德。情懷似火鋒，此誠破耗之威權。

【原文主旨】言明斗數星曜入人之命宮所形成人的性格與相貌、心性的特點。

【解析】

原本紫微帝座坐命宮的人，是長相威嚴、敦厚、穩重的容貌。有天府至尊之星在命宮的人是體態純正、溫和的樣貌，他們會有圓滿的額頭和清亮的眼睛，具有聰明的才智。天機星坐命的人，不高不矮，性情善良。

武曲星坐命的人，有非常剛強、堅毅的情操，性格是果敢決斷型的。天同坐命的人，是形體肥胖豐滿型的，具有秀麗的雙目，長相文雅清秀。廉貞坐命的人，有寬眉（粗眉）、寬口（嘴大）、面橫（臉較寬）。其人是性格暴躁，容易忿怒，喜爭強鬥狠的人。貪狼為主善主吉，主惡、主凶的星曜。貪狼星（是好運星）居廟位坐命時，其人一定是個子長得很高的人。

貪狼星不在旺位（居平、居陷）坐命的人，性格必定是頑固、囂張，不走正道的人。巨門是主口舌是非的星曜。巨門居廟坐命的人，是敦厚、溫和、良善的人。

天相坐命的人，其內在的精神和外在的形貌都是溫和、穩重的人。天梁坐命的人，是性格穩重，心事不隨便透露，行為高尚的人。七殺坐命的人，會像子路（孔子弟子，好勇）一般，徒手打虎，不靠舟船渡河（用跳遠的方式或浸泡在水中游過河去），（比喻粗魯、有勇無謀，來白手起家）。火星、鈴星坐命的人，好像豫讓（註②）。吞下火炭，把聲音變嘶啞。徒手打虎、單身過河會招至自己凶狠的災禍。吞下火炭裝啞的人，是聲音低沈，內心凶狠的人。

文昌坐命的人，是外貌英俊秀雅，文質彬彬，相貌清秀美麗，眼目溫和秀麗的人，其行為也是磊落的。文曲坐命的人，口才佳，能巧辯，也會有口舌是非。文曲居廟坐命時（坐命巳、酉、丑宮），臉上會有奇怪的痣（有時是大黑痣）。文曲居陷位坐命的人，例如坐命寅、午、戌宮的人，臉上會有斑痕（有時是黑斑、雀斑，和胎記）。左輔、右弼坐命的人，是性格溫和、善良、行規蹈距、言行端正、莊重、高品格的人。天魁、天鉞坐命的人，具有威嚴的儀態，倘若再和三台星同宮坐命的人，更是十全十美的行為模範之人。

擎羊坐命和陀羅坐命的人，外形樣貌是醜陋、粗壯、有矯柔造作、陰險狡詐的動作姿態。破軍坐命的人，有不夠仁心、不講道義的性格。其人的眉毛粗寬，肩背厚實，走路和坐著的時候，肩部和腰都是歪斜的（一肩高，一肩低）。他們是內藏奸詐，喜歡做讓人驚異、險惡的事物。性情外貌像火一樣急躁猛烈，像刀鋒一樣快速、尖銳的，這就是破軍坐命者性格上主權威的特性了。

※①麤，ㄘㄨ，音同（粗），字同（麤），是粗糙不精的意思。

※②豫讓吞炭裝啞：『刺客列傳』載，豫讓乃晉人。春秋時代末期，晉國諸侯權力下落，被智、趙、韓、范、魏、中行六家大臣把持。趙襄子聯合韓、魏，滅了智氏，並三分其地。豫讓為智伯之臣子，並禮遇之。智氏亡，豫讓以漆塗身，吞炭傷喉，使聲音變嘶啞，欲為智伯報仇。此為其典故。

【原文】

星論廟旺最怕空亡殺落，空亡竟無威力。權祿乃九竅之奇，耗積散平生之福。祿逢梁蔭，抱私財益與他人。耗遇貪狼浦妾（註③）淫情於井底，貪星入於馬垣，易善易惡。惡曜扶同善曜稟性不常。財居空亡巴三覽四。文曲旺宮聞一知十，暗合廉貞為貪佞之曹吏，身命司數實奸盜之妓兒，豬屠之流。善祿定是奇高之藝、細巧伶俐之人。男居生旺最要得地，女居死絕專看福德。命最嫌立於敗位，財源卻怕逢空亡。機、刑、殺、蔭孤星論嗣續之宮，加惡星忌耗不為奇特。陀耗囚之星守父母之纏，決然破祖刑傷兼之。童格宜相根基要察，紫微肥滿，天府精神，祿存祿主也應厚重。日月曲相同，梁機昌皆為美俊之姿，乃是清奇之格，上長下短目秀眉清。貪狼同武曲形小聲高而量大，天同加陀忌肥滿目眇，擎羊身體遭傷。若遇火鈴巨暗必生異痣，又值耗殺定主形麄貌忿。若居死絕之限，童子乳哺徒勞其力。老者亦然壽終。此數中之綱領，乃為星緯之機關，玩味專精以參玄妙。限有高低，星尋喜怒，假如運限駁雜終為浮沈，如逢殺地更要推詳，倘遇空亡必須細察，精研於此不患不神。

【解析】

在討論星的吉凶時，星曜居廟旺之位時，最害怕有空亡、天空、殺星同宮。此時空亡、天空等星是絲毫不具有趨吉的威力的。權星（化權）、祿星（化祿與祿存）與廟旺之星同宮是具有特別奇特效力的。耗星（破軍）會消散一個人一生之福祿。祿星（化祿、祿存）和天梁同宮坐命的人，是有私心的人。財富會私藏，也會將利益輸送給自己親信的人。破軍坐命者遇到貪狼坐命的女子，會有不見天日的奸淫之情。貪狼星和天馬星同宮在寅、申、巳、亥宮之四馬宮，也易向善，也易向惡，性格善變。

※婆：音ㄆㄛˊ，同婆字。

惡的星（凶星）和善星（吉星）同宮時，其星性所代表的意義是不一樣的。命格是財星有空亡、天空同宮的人，會到處巴結、攀關係、論交情來賺錢。但是因為是財空，而毫無結果。文曲坐命，而命宮居於旺宮（巳、酉、丑、申、子、辰、卯、亥、未宮）的人，是聞一知十，非常伶巧、聰明的人。但是文曲和廉貞同宮，或對宮相照，就會是貪官污吏。身宮和命宮有此文曲、廉貞二星同時進入的人，是屬於奸匪、盜賊、妓女、屠宰豬隻之輩的人。

有吉星化祿，或吉星和祿存同宮的人，一定是具有精細巧藝，能幹聰慧、伶俐的人。男子之命宮要在旺地（命宮主星居旺、居廟），最少也要在『得地』。剛合格之位，才算是好的命格。女子的命好、命壞要看福德宮。命宮最怕是居於敗位（陷落之位）。財帛宮最怕的是逢到空亡、天空、地劫等星進入，會有進不了財、耗財的困擾。

天機、刑星（羊陀、火鈴）、殺星（七殺、破軍）、蔭星（天梁星）、孤星（祿存），以這些星曜來論子女宮之好壞時，凡是再加惡星、忌星（化忌星）、耗星（破軍星）等星在子女宮時，子女少，而且都不是有奇特成就的人。因此子女宮不吉，子女的素質差，教養差，故而無成就。

陀羅星、破軍星，囚星（廉貞星）在父母宮時，一定是破祖離鄉，和父母有刑剋不和睦，或者是兩者都有的狀況。

兒童（嬰幼兒）的命格觀看方法，要以命宮主星為根基做為重要的關鍵。

兒童（指嬰幼兒）是紫微坐命的人是胖胖的、體態豐滿的小孩。天府坐命的小孩，十分有精神。命宮是祿存星，或身主有祿存的小孩也是外形敦厚、穩重的小孩。

太陽、太陰、文曲坐命的小孩，也一樣是溫和、厚重的小孩。有天梁、天機、文昌在命宮的小孩，是外表俊美、聰明的小孩，這是清秀奇佳的命格。他們都是上身長、下身短，眼目清澈，眉型秀麗的小孩。

貪狼坐命和武曲坐命的小孩是一樣的，都是身體、身高稍小，聲音宏亮又大聲的。

天同再加陀羅或化忌在命宮的小孩是肥胖型、眼睛斜視有問題的。（此為天同、巨門化忌、陀羅坐命宮的小孩，大人有此命格也一樣）。有擎羊星在命宮的小孩，身體容易有傷殘，常受傷的情形。若是命宮中有火星、鈴星和巨門暗曜同宮的小孩，臉上會有奇怪的痣。（也會是雀斑、胎記等）。倘若命宮又有破耗（破軍）、殺軍（七殺）在其中，一定是外形粗魯，容貌不佳的小孩。倘若嬰幼兒命格大小限在死絕之惡限（出生命宮不佳，是第一個限運，有『羊陀夾忌』、『廉殺羊陀』，有殺、破羊、或巨、火、羊等即為死絕之限）嬰兒遇此限運，定然是餵養不長，徒勞無功的。年老的人，遇此惡限，也是會壽命終了的。

以上都是斗數中的主要的提綱要領，也是星曜所處位置旺度的重要玄機關鑑。必須學習的人自己去細細推敲，意味其中的精密、奧妙，才能得知其中的玄奧變化。人的運限如大限（大運），小限（一年之運）會有高低起伏的時候。星曜要看旺弱而定。假如運限是一年好、一年壞，一個大運好、一個大運壞的方式呈列，則其人的人生是起浮不定，高高低低，一年好、一年壞的情況。如果命限如上述時，再逢到有殺星的流年運程，更是要詳細推算會在何時有災了。倘若流年中遇到空亡，也必須詳細觀察各宮的狀況，看看還有何宮較好，可幫助自己賺錢多，做事吉祥的宮位。流年逢空，會財來財去，徒勞無功，因此要求解決之道。細心精密的研究這些學問，就可以不患得患失，也不會誤信不實的神道之說了。

3. 星垣論　詳析

星垣論

【原文】

紫微帝座以輔弼為佐貳，作數中之主星。乃有用之源流，是以南北二斗集而成數，為萬物之靈。

蓋以水淘溶則陰陽既濟。水盛陽傷，火盛陰滅，二者不可偏廢，故得其中者斯為美矣。寅乃木之垣，乃三陽交泰之時草木萌芽之所，主於卯位，其木愈旺矣。

貪狼天機是廟樂，故得天相水到寅為之旺相，巨門水得卯為之疏通。木乃土栽培，加水之澆灌，三方更得文曲水、破軍水相會尤妙。

又加祿存土極美矣。

巨門水到丑，天梁土到未，陀羅金到於四墓之所，苟或得擎羊金相會，以土為金墓則金通不凝，加以天府土、武曲金以生之，是為金趁土肥，順其德以生成。

【原文主旨】以星曜的原生五行和旺弱以及所在的宮位所屬的五行之氣，來探討處於身宮和命宮的吉凶。

【解析】

紫微帝座以左輔、右弼為兩個輔佐之星。以左輔、右弼為左右手，來作為斗數中之主星。也是以此發展而成為斗數可靈活運用的開始。同時也是把南、北二斗的星曜集合起來而，成為斗數中可運用的關鍵之星。紫微星在命理中是一切萬事萬物中最尊貴，最有用、靈長的星座。

在天地混沌之初，水氣和大地分開，則陰和陽得以調和。水氣旺的時候，會傷到陽氣（陽屬火，水滅火）。火氣旺時會造成陰氣滅絕（陰屬水、火滅水）。陰陽在天地之中形成，是不能偏多、偏少，或消除的。所以陰陽必須相合，相等，採用中庸的方式才是最好的。寅宮是木存在的宮位。也是春天時，陽氣鼎盛時，草木會發芽生長的地方。木旺主要在卯宮，其木氣更旺了。

※三陽開泰：子月時為一陽進氣，丑月時為二陽進氣，寅月時為三陽開泰，因為陽氣已重，天暖，草木欣欣向榮，萬物有向上生發、成長的吉象，故稱三陽開泰。

貪狼星和天機星皆五行屬木，在寅宮是廟旺之位。（貪狼在寅宮只居平位，天機星在寅宮只居得地之位，但會比在申宮時旺，此文與斗數星曜旺度表有出入。）天相是屬水的星曜，在寅宮時，是旺位之相。巨門屬水之星在卯宮，因卯宮屬木，有木來疏通。木是由土來栽培，鞏固不倒的，加水來灌溉，木就會生長有生氣了。三合宮位中，再有六曲屬水的星，和破軍屬水的星來三合相照更好。再加上祿存是屬土的星在卯宮中是很美的格局了。（此指機巨、祿存坐命卯宮而言。又文曲、破軍不可同宮。）

巨門屬水的星在丑宮，天梁屬土的星在未宮，陀羅屬金的星在辰、戌、丑、未四墓宮，或是有擎羊屬金的星來同宮或照會。以土星在金墓之地（指辰、戌、丑、未宮），則金氣可通順不凝固而化了。倘若再有天府屬土的星，或是武曲屬金的星來相生，就是金趁土肥，金由土生而旺，由相生而形成的吉象了。

※巨門在丑宮落陷，是和天同同宮居陷位。天梁在未宮居陷。陀羅在辰、戌、丑、未四宮皆居廟位，擎羊在辰、戌、丑、未也居廟位。巨門、天梁遇陀羅、擎羊皆不吉，專以羊、陀之惡而招災。四墓宮雖然限制擎羊、陀羅的凶性，但威武、壯悍仍然存在，只是凶悍邪惡略為減少罷了。

【原文】

夫巳、午乃火位，巳為水土所絕之地，更午垣之火餘氣流於巳，水則倒流，火氣逆焰必歸於巳。午屬火德，能生於巳絕之土，所以貪狼木居焉。至於午火，旺照離明洞徹表裡，而文曲水入廟若會紫府，則魁星拱斗，加以天機木貪狼木謂之變景，愈加奇特。

申酉金乃西方太白之氣，武居申而好生，擎羊在酉而用殺，加以巨門祿存陀羅而助之愈急，須得逆行，逢善化惡是為妙用。

亥水屬文曲、破軍之要地，乃文明清高之士，萬里派源之潔，如大川之澤不為焦枯，居於亥位將天天河是故為妙。

破軍水於子旺之鄉，如巨海之浪淜洶湧，可遠觀而不可近倚，破軍是以居焉。

若四墓之剋充其瀰漫，必得武曲之金使其源流不絕方為妙矣。

其餘諸星以身命推之，無施不可，至玄至妙者矣。

【解析】

巳、午是屬火的宮位。巳宮為水和土之絕地。更有午宮火的餘氣會流至巳宮，水會倒流。火氣被水逼滅，火氣的逆焰會朝向巳宮。午宮屬離，是火方，能生在巳中所絕之土（巳是土絕之地）。所以貪狼木可在其宮位中。至於午宮之火特旺，是太陽之火，可將物體裡外都照耀得透徹光明。倘若屬水的文曲星在廟位與紫微星、天府星相會，則是『魁星拱斗』格，再加上屬木的天機星和貪狼星，稱之『變景』，是更加奇特的命格了。

（此應指文曲在巳宮入廟，和紫殺同宮，對宮有天府相照，酉宮有文昌，三合來會，為魁星拱斗。天機屬木，在午宮居廟，貪狼屬木，在午宮也居廟兩者都是變景。）

申宮、酉宮五行皆屬金，具有西方太白（金之氣）之氣。武曲星居申宮是金的長生之地。擎羊星在酉宮，因居陷位，而為殺氣重之星。若有巨門星、祿存星或巨門、陀羅星（陀羅不會出現在酉宮，只會在申宮出現，居陷位）在申宮，也愈不好。必須逆行運才行，只要逢到善星化解災厄，就是有巧妙的應用了。

亥水的宮位是文曲、破軍重要的所在之地，也是具有文化、清高的人士。品行坦蕩、潔身自好，就像大河所形成的澤泊是不會枯竭的。屬水的星曜，又居於亥宮，就像天河而下的樣子。

破軍屬水在子宮為水旺之位置，就像海中巨浪洶湧澎湃，可遠看不可靠近，破軍就是這麼居於子宮的。（破軍在子宮居廟位，此命格的人，其性格、人生起伏也如巨浪洶湧。）

倘若四墓之地（辰、戌、丑、未）的刑剋都充滿著，一定要用武曲之金，使其不凝固要源源不絕才好。

其他的星曜以身宮、命宮來推理運算，就沒有不可以的了，這全部是非常玄密，非常巧妙的呀！

4. 斗數準繩 詳析

斗數準繩

【原文】

命居生旺定富貴各有所宜，身坐空亡論榮枯專求其要。紫微帝座在南極不能施功，天府令星在南地專能為福。天機七殺同宮也善三分，太陰火鈴同位反成十惡。貪狼為惡宿入廟不凶，巨門為惡曜得垣尤美。諸凶在緊要之鄉最宜制剋，若在身命之位卻受孤單。若見殺星倒限最凶，福蔭臨之庶幾可解。大抵在人之機變更加作意之推詳，辨生剋制以定窮通，看好惡正偏以言禍福。官星居於福地近貴榮財，福星居於官宮卻成無用。

身命得星為要，限度遇吉為榮。若言子媳有無，專在擎、囚、耗、殺，逢之則害。妻妾亦然。相貌逢凶必帶破相。疾厄逢忌定有尫羸，須言定數以求玄，更在同年之相合，總為綱領用作準繩。

【原文主旨】此篇文章談在人之命宮、身宮中所出現的星曜旺弱性質、吉星、惡星對命運的影響，以及運限變化等細則問題。

【解析】

人之命宮在主星居旺時，或主星居長生之地時，其人在一生中一定有富貴存在的。只是各種命格和各種富貴是不一樣的。以身宮中有空亡，來論其人一生榮枯吉凶，必須專門尋找出命格中有吉祥的，趨善的宮位不可。

紫微帝座在南極不能施展力量，因為紫微星是北斗主星曜，在南極亮度低，不得其位。天府是令星，也是南斗主星，在南地得其旺，星曜的躔次高，就能造福趨吉。凡是命格中有天機星同宮坐命的，或是有和七殺星同宮坐命的，也會有三分善良。（天機和七殺不會同宮，只會在臨宮或四方宮位碰到，也會根本碰不到）。太陰星和火星、鈴星同宮反而變成十惡的壞運。（太陰是溫和的星，不喜有煞星來相剋，主破耗、憂愁、困擾）。貪狼是惡星，在廟位時，不會凶狠。巨門也是惡星，居廟旺之位為得垣，有口才之利，是非常好的。各類凶星在命格中最重要的宮位中，最好是有吉星來制衡。倘若在身宮、命宮中有凶星，是會孤單的，因為會剋六親。倘若看到殺星在限運中是最凶惡的。有福星（天同）、蔭星（天梁星）降臨，可以解救一點。大概都是在人的機巧應變中，再加上意會、推理、解析，辨別相生的，相剋的，以及如何剋制，或如何化解，才能定出最後在命理方面的通達或不吉來。要論人之禍福，必須看星曜是好星、或是惡星，是正曜或是偏曜。官星（如紫微、太陽、廉貞、天梁等星）居於福德宮，是接近貴位，又可有榮耀、財富的人。福星（天同星）在官祿宮卻變得沒有用了。（天同福星在官祿宮是『機月同梁』格的人，以做公務員，薪水階級為主，職位一般。）

身宮和命宮以主星為何為最重要。運限（大、小運）以遇吉星、正逢吉星為吉昌榮盛。倘若要看兒子，子孫有沒有？就要注意子女宮有沒有擎羊、囚星（廉貞）、耗星（破軍）、殺星（七殺），有上述這些星的對子嗣就有害處了。看有無妻妾也是一樣的，要看夫妻宮有無前述煞星，有則有害，無則有利。

相親要看福德宮，有凶星的，一定是破相（頭、臉上有傷災、傷痕）。疾厄宮有化忌星，一定是瘦弱、有病的樣子。必須看各種詳細的命理資料，才能找出玄奧的癥結。更可以用同年紀的人之長相和命理相似之處拿來做一個提綱挈領的標準。

5. 斗數發微論 詳析

斗數發微論

【原文】

白玉蟾先生曰：觀天斗星與五星不同，按此星辰與諸術大異。四正吉星定為貴，三方殺拱少為奇，對照兮詳凶詳吉，合照兮觀賤觀榮。吉星入垣則為吉，凶星失地則為凶。

命逢紫微非特壽而且榮，身遇殺星不但貧而且賤。左右會於紫、府極品之尊，科、權限於凶鄉功名蹭蹬。

【原文主旨】此篇文章乃引用白玉蟾先生之所言，來強調紫微斗數和別種命理之術不同，不可用別種命理中的星曜論點（例如五星星命學）來談紫微斗數的命理觀點。並詳細說明紫微斗數中看命、看運的細則。

【解析】

白玉蟾先生說：『要看天上的北斗星與南斗星，是與五星之術不同的。（此是指紫微斗數和五星之術不同。）斗數中的星辰（星曜）與別的各種相術大不相同。在斗數中，命宮的四方之位有吉星，一定主貴。命宮的三方之位（三合宮位）有殺星拱照少的或沒有煞星的，是最佳的命格。命宮對宮相照的星，要注意是凶？是吉？命宮三合照守的星曜，可看出是命賤還是榮盛。有吉星在旺位來相照或三合照守的都是吉象。有凶星落陷來相照或三合照守的，都是凶象。』

命宮有紫微星的人，不是特別長壽，而是特別榮昌。身宮有殺星，不但是貧困並且命賤。紫微、天府有左輔、右弼來相會，同宮或在對宮相照，都是有極尊貴的地位。在限運中，化科、化權跟隨的主星居陷位時，考試、升級會有磨難不順利。

※四方宮位：①子、午、卯、酉。②丑、未、辰、戌。③寅、申、巳、亥。前述三種都是四方宮位。命宮的四方宮位，要看命宮坐於何宮，若是坐於子宮，四方宮位就是午宮、卯宮、酉宮了。以此類推。

※三合宮位：①申、子、辰。②巳、酉、丑。③寅、午、戌。④卯、亥、未。此四種為三合宮位。命宮的三合宮位，要看命宮坐於何宮，若是坐於寅宮，三合宮位就指的是午宮和戌宮了。以此類推。

【原文】

行限逢乎弱地，未必為災。立命會在強宮，必能降福。羊陀七殺限運莫逢，逢之定有刑傷（空劫傷使在內合斷）。天哭、喪門流年莫遇，遇之實防破害。南斗主限必生男，北斗加臨先得女。科星居於陷地燈火辛勤。昌曲在凶鄉，林泉冷淡，奸謀頻設。紫微愧遇破軍，淫奔大行。紅鸞羞逢貪命，命身相剋，則心亂而不閑。玄嫗（即天姚星）三宮則邪淫耽酒。殺臨三位，定然妻子不和。巨到二宮必是兄弟無義。刑殺守子宮子難奉老。諸凶照財帛聚散無常。羊陀守疾厄，眼目昏盲。火鈴到遷移，長途寂寞。

尊星列賦位主人多勞。惡星應八宮奴僕無助。官祿遇紫、府，富而且貴。田宅遇破軍先破後成。福德遇空劫，奔走無力。相貌加刑殺，刑剋難免。後學者執此推詳萬無一失。

【解析】

行限運的時候，無論大運、小限，行到弱運的地方，不一定會有災禍。命宮在強宮，主星居廟、居旺的人，一定會有福氣。擎羊、陀羅、七殺當值的限運，最好不要逢到。逢到時一定會有刑傷剋害。（運限中有天空、地劫、天傷、天使在內的，也一樣不吉）。流年中有天哭、喪門，最好也不要遇到。遇到時有破財、災害。在南斗星所主的限運中生子，必會生男。（南斗指天府諸星），在北斗所主（指紫微諸星）的限運中生子，必先生女兒。

※北斗所主的限指紫微、貪狼、巨門、武曲、廉貞等星所當值的流年運限。

※南斗所主的限指天府、太陰、天機、天梁、天相、七殺等星所當值的流年運限。

在限運中要參加科考，有化科星所跟隨的主星居陷落之位的，必須很用功，很努力，夜間秉燭夜讀才行。命格中文昌、文曲在陷落之位的人，例如在寅、午、戌宮，其人是文化素質很差的人，職位低、朋友少，並且是奸險多計謀的人。命宮中有紫微、破軍的人，會有與人私奔的行為。（此在古時極為醜惡）。紅鸞不可與貪狼同在命宮，或是紅鸞在身宮，貪狼在命宮，這是命宮與身宮相剋的命格，會心亂不清閑，有桃花劫而敗事。玄嫗（天姚星）在三宮（指夫妻宮），會有邪淫、好酒色的狀況。七殺在夫妻宮中，一定與妻子不和睦，有刑剋。巨門到二宮（指兄弟宮），一定是兄弟間多是非口舌的爭鬥，而兄弟也是不講道義的人。刑星、殺星在子女宮，與子女有刑剋，子女很難會侍奉終老。凡是諸位凶星相照財帛宮的，都無法聚財，錢財起伏無常。羊、陀在疾厄宮，眼睛有毛病，會看不清或盲瞎。遷移宮有火星、鈴星，是急躁、忙碌、操勞奔波的人，也會終身寂寞，沒有好朋友或親人陪伴，因為有刑剋。

尊貴的星如紫微、天府等星，列於賤位（指陷落之位，或無用的宮位，例如在朋友宮，疾厄宮等。）其人主勞碌。惡星在八宮（僕役宮），朋友、屬下皆沒有助力。官祿宮有紫微、天府是既富有而且有尊貴之位的人。田宅宮有破軍，是先破耗，後而能成功的命格。福德宮有天空、地劫，是辛苦奔波而徒勞無功的人。相貌上有刑剋、殺破，是刑剋躲不掉的，一定會有的。以後學習的人，以此來推算端詳就一切圓滿了。

※白玉蟾先生：原名『葛長庚』。生於宋光宗紹熙五年(西元一一九四年)。晚陳希夷先生二百零五年。晚康節先生一百一十七年。為生存於宋末元初之際。

6. 重補斗數彀率 詳析

重補斗數彀率

【原文】

諸星吉多逢凶也吉，諸星惡多逢吉也凶。星更纏度，數分定局，重在看星得垣受制，方可論人禍福窮通。大概以身命為禍福之柄，以根源為窮通之機。

紫微在命，輔、弼同垣其貴必矣。財印夾命、日月夾財，其富何疑。蔭福臨不怕凶沖，日月會不如合照。貪狼居子乃為泛水桃花，天刑遇貪必主風流刑杖。紫微坐命庫則曰金輿扶御輦，福宮安文曜號為衣錦惹天香。太陰合文曲於妻宮翰林清異，太陽會文昌於官祿金殿傳臚。祿合守田財為爛穀堆金，財蔭居遷移為富商豪客。耗居敗地沿途丐求，貪會旺宮終身鼠竊。殺居絕地生成三十二之顏回。日在旺宮可學八百年之彭祖。巨暗同垣於身、命、疾厄，羸瘦其軀。凶星交會於相貌，傷刑其面。大耗會廉貞於官祿，枷杻囚徒。官符會刑殺於遷移，離鄉遠配。七殺臨於陷地流年必見死亡。耗、殺忌逢破軍，火、鈴嫌逢太歲。奏書、博士得流祿以長乎吉祥。力士、將軍得青龍以顯其威福。童子限弱，水上浮泡。老人限衰，風中燃燭。遇殺必驚流年最緊，人生發達限元最怕浮，一世迍邅，命限逢乎駁雜。論而至此允矣玄微。

【解析】

※『重補斗數彀率』是後人添加之作。表示是補漏紫微斗數文章中最好的一篇。彀：音ㄎㄡˋ（音叩），彀是尚需母鳥餵食的小鳥。彀率：即是在紛紜的人言和文章中做率先領導的一個模範。

在命格中，吉星多的，逢到凶星當值的運限，也會趨吉，運氣不算太惡。

命格中凶惡之星多的，逢到吉星當值的限時，也不算吉祥，仍然是不吉的。星要講躔度位次，以定旺弱。命數要分局數。重要的是要看星是否得垣（在旺位）、受制（在陷位）？才可談論此人的吉福、災禍。論命都是以身宮、命宮為看災禍、吉福。主要的關鍵、要柄。以這兩個宮位為一切命理之根源，也是探究玄機之處。

紫微在命宮時，有左輔、右弼同宮，其主貴是必然之事。命格中有『財印夾命』、『日月夾財』等格局的人，會富貴多財是不必存疑的。有天梁蔭星在命宮的人，不怕有煞星來沖剋。日月相會同宮，不如相照或在三合處照守。貪狼居子宮是『泛水桃花』的格局。天刑和貪狼同宮，一定有因風流事遭刑罰的情形。紫微、天府坐命宮的人，稱為『金輿扶御輦』（此為貴格主官貴）。福德宮有文昌、文曲同宮，號稱『衣錦惹天香』。（此又稱為『玉袖添香』格，主其人貌美、好淫樂享受。）太陰和文曲同宮於夫妻宮，是飽學之士，可做清貴、政府高職。太陽和文昌在官祿宮，是『陽梁昌祿』格，可參加國家考試而入官途。祿星（祿存和化祿）在田宅宮，財帛宮，家財多，堆金積玉，用都用不完。有財星、蔭星同在遷移宮的人，為富有的商人或豪爽一擲千金的豪富。破軍星居於陷地，或與文曲同宮，主窮困，乞丐命。如果貪狼在身宮，雖然居旺也會是鼠竊之輩。七殺在身宮時又居平陷位。（七殺無陷位，在巳亥宮與紫微同宮居平，為旺度最低的時候），會像三十二歲而夭亡的顏回那麼短命（顏回：孔子弟子，博學多聞，一單食，一瓢飲，在陋巷不改其樂。身宮有煞星刑剋，故孤貧早夭）。身宮有太陽星又居旺位的話，可像彭祖一樣長壽。

有巨門暗星在身宮、命宮、疾厄宮的人，是瘦弱的身軀。有幾個凶星相會在福德宮、命宮的，主面貌有刑傷、破相、頭臉有傷災。

大耗和廉貞星在官祿宮的人，會犯罪入獄。有官符和刑星（羊、陀、天刑）、殺星（七殺）在遷移宮的人，會有犯官刑遭驅逐服刑，遠離家鄉。流年中有七殺居平陷位，或與凶星同宮，該年會死亡。在看流年時，耗星（指破軍）、殺星（指七殺），不可再碰到破軍（例如流月是破軍運），在限運中二、三度重逢，災厄立現（指流年、流月、流日皆逢破軍運或七殺運）。火星、鈴星怕碰到太歲（在流年之中），也主不吉。奏書、博士是吉祥之星，再遇流年化祿，吉祥更多。力士、將軍、青龍皆主權威，以權威得福。嬰幼兒的限運不好，生命如水上的泡沫一般。老人的運限衰弱，像風中所點的蠟燭，隨時會熄滅。流年中遇殺星，一定會有驚恐之事。人生在發達的時候，最怕運限飄浮不定，一輩子停滯，前進困難。命運的運限是十分多樣化複雜的，說到這裡，就不得不說命理學是玄奧、精微的了。

7. 增補太微賦　詳析

增補太微賦

【原文】

前後兩凶神為兩鄰，加侮尚可撐持，同室與謀最難提防。片火焚天馬重羊逐，祿存劫空親戚無常。權，祿行藏靡定，君子哉則鉞，小人哉羊、鈴，凶不皆凶，吉無純吉。

主強賓弱可保無虞，主弱賓強凶危立見，主賓得失兩相宜。

運限命身當互見，身命最嫌羊、陀、七殺，遇之未免為凶。二限甚忌貪、破、巨、廉，逢之定然作禍。

命遇魁、昌常得貴，限逢紫、府定財多。

凡觀女人之命，先觀夫子二宮，若值殺星定三嫁而心不足，或逢羊孛雖啼哭而淚不乾。

若觀男命，始以福財為主，再審遷移何如。二限相因吉凶同斷，限逢吉曜平生動用和諧，命坐凶鄉一世求謀齟齬。廉祿臨身，女得純陰貞潔之德。同梁守命，男得純陽中正之心。君子命中亦有羊、陀、火、鈴，小人命內豈無科、祿、權星，要看得垣失垣，專論入廟失廟。

若論小兒詳推重限，小兒命坐凶鄉三五歲必然夭折，更有限逢惡殺，五七歲必主災亡。文昌、文曲天魁秀，不讀詩書也可人。多學少成只為擎羊逢劫殺，為人好訟蓋因太歲遇官符。

【原文主旨】此文為後人添補之作，再度解釋看命的方法，並包括了女人命、男子命、孩童命、君子命、小人命的觀看方法。並討論運限的問題。

【解析】

在命宮或運限中，前一宮或後一宮有凶星為鄰，忍耐一下還可以撐得過去，煞星、凶星在命宮或運限之中同宮，是最不好的，也無法提防災禍。當祿存星在巳、亥宮與地劫、天空同宮的時候，會有火鈴、擎羊在臨宮，天馬全在巳、亥宮。因祿存為羊陀所相夾，本身又遇劫空，故稱親戚無常。化權和化祿的蹤跡是不一定的，要以生年年干來定。天鉞星是君子星，擎羊、鈴星是小人星，有這些星同宮的，命運說凶不凶，說吉也不完全是吉祥的了。

在命格中或運限中，主要的宮位（如命宮），或主運限（如大運）是強旺的，其他的宮位或次級的流運（例如流年、流月、流日）較弱，可以保全無煩惱，災禍不重。若主要宮位（如命宮）或主要的運限（如大運）是居陷的弱宮，而其他的宮位（如閒宮）或次級的流運（如流年、流月、流日）較強，凶厄與危險是立刻展現的。主要的宮位及主運限和次要的宮位及次運限之間，必須誰輕誰重要弄清楚明白才好。

運限和命宮、身宮應該相互參考參詳。身宮、命宮最怕有擎羊、陀羅、七殺入宮。有這些星入宮的，為凶象。二限（大、小限）最忌諱有貪狼、破軍、巨門、廉貞等星。有這些星在運限之中，一定有禍事。

命宮中有天魁、文昌，常有貴運。運限走到紫微、天府運，財富一定多。

凡是要看女人的命格，必先看夫妻宮、子女宮二宮，倘若有殺星在此二宮，會三次再嫁，還心不滿足。倘若有擎羊，在此二宮，主刑剋，會流淚不止。

倘若要看男子的命格。剛開始要以福德宮、財帛宮為主，其次再看遷移宮有什麼星？大、小限相互影響的因果、吉凶要一起看。運限中逢到有吉星的，一生動作、行動是溫和、諧調、平順的人。

命宮居陷，或命宮有凶星的人，是一輩子處心積慮的謀求富貴而不得，又多口舌是非。廉貞和祿存或廉貞化祿在身宮的女人，會有純陰（廉貞為陰火）、堅貞潔身自好之德行。天同、天梁同在命宮的男子，會有純陽的正義，中肯的心地。君子人的命格中也會有羊、陀、火、鈴等星曜。小人的命格中豈會沒有化科、化祿、化權等星。（這些星在每個人的命中都會出現）。就是要看其人命盤中星的位置，在不在旺位上，也更要看是否入廟位，或不在廟位。

若是要論小孩子的命格來推算其命限。小孩子命宮居陷或有凶星在命宮者不吉，三、五歲就會夭折。還有運限逢惡星、煞星，在五至七歲會有災禍死亡之事。小孩子命宮中有文昌、文曲、天魁等星的，是相貌秀麗的孩童，就算不唸書讀詩，也會是可愛討喜之人。孩童多學但學不精，學不成功，只是因為命格中有擎羊或逢到劫殺之星。為人喜歡爭訟、打官司，是個命格中有太歲星和官符星。

【原文】

命之理微，熟察星辰之變化。數之理遠，細詳格局之興衰。北極加凶殺為道為僧，羊陀遇惡星為奴為僕。如武、破、廉、貪固深謀而貴顯，加羊、陀、空、劫反小志以孤寒。限輔星旺限雖弱而不弱，命臨吉地，命雖凶而不凶，斷橋、截路大小難行。卯酉二空聰明發福，命身遇紫府疊積金銀。二主逢劫空衣食不足，謀而不遂。

命限遇入擎羊，東作西成。限身遭逢輔、相、科、權、祿拱，定為扳桂之高人，空、劫、羊、鈴作九流之術士。情懷暢舒，昌曲身。詭詐浮虛，羊陀陷地。天機、天梁擎羊會，早有刑而晚見孤。貪狼、武曲、廉貞逢，少受貧而後享福，此皆斗數之奧妙，學者宜熟思之。

【解析】

命格中理數之精微，必須多觀察熟習星曜的變化，再以星曜所在的位置、旺弱，或同宮、相照等彼此關係的細微處都要觀察到。命數的道理很深遠，還要細心推詳格局中的變化，和運勢運行的方式，起伏的韻律和角度問題。

北斗星（指紫微星）加凶星、殺星為道士、僧人。（紫殺坐命，紫破坐命者，『命、財、官』三方有劫空，會做僧道之人。）命宮中有擎羊、陀羅，再有惡星（殺、破、火、鈴、劫、空）的人，會做僕人和奴婢。像武曲、破軍、廉貞、貪狼坐命的人，固然會有多謀略、城府深、會運用智慧而努力成功至貴位顯達。但是再有羊、陀、劫、空在命宮同宮的人，就會孤獨、小氣吝嗇，是一個小家子氣、志向不高的人了。運限中有左輔、右弼這兩顆輔星，此二星在旺位時，是看起來是弱運，但實際不弱的。（輔星在位，為空宮弱運，但輔星有助力，因此有貴人助，仍是不會太弱的。）

命宮在旺位時，就算是遇刑弱運，命運看起來是凶運，但本命好，能化吉，故而不會很凶，也不會過得很不好。大限、小限逢到斷橋煞、截路空亡的時候，都是運限極凶的。命坐卯、酉宮，有天空在命宮的人，是聰明、靈秀之人，自有其福氣。（天空坐命在酉宮，有陽梁在卯宮相照的人，命格為『萬里無雲』格，為貴格。　國父孫中山先生即是此命格的人。）命宮和身宮有紫微、天府的人，是金銀滿庫，非常富有的人。二主（指身主和命主）逢到地劫、天空，是貧窮的人，無法有豐衣足食的生活，去找工作也找不到。

命運中的大限、小限遇到走擎羊運，工作上有起伏，斷斷續續的情形，原本想做的工作做不長，暫時想做的工作，反而做了很長的時間。運限和身宮有左輔、天相、化科、化權、化祿來拱照的時候，一定會是一個能幹的，能爬上高位的人。但有天空、地劫、擎羊、鈴星在命格中或運限中的人，會做末等的方術之人。心情開朗、溫和、慈善秀麗的人，是有文昌、文曲在身宮的人。心地詭詐、虛浮、陰險、善欺騙的人，是有擎羊、陀羅居陷地在身宮的人。命格中有天機和擎羊、天梁和擎羊同宮的人，是早年幼時就有刑剋父母家人的情形，在晚年時，也會孤獨鰥寡。身宮逢到貪狼、武曲、廉貞這三顆星時，少年是貧苦的，中年以後會享福（因為此三星，不發少年人）。這些都是紫微斗數中命理的奧妙，學習者應該多加思考意會。

8. 諸星問答論　詳析

諸星問答論

【原文】

問紫微所主若何？答曰：紫微屬土，迺中天之尊星為帝座，主掌造化樞機人生主宰。

仗五行育萬物，以人命為之立定數。安星繼各根所司，處年數內常掌爵祿，諸宮降福能消百惡，須看三台。蓋紫微守命是中台，前一位是上台，後一位是下台。俱看在廟旺之鄉否，有何吉凶之守照。如廟旺化吉甚妙，陷又化凶甚凶，吉限不為美，凶限則凶也。人之身命若值祿存同宮，日月三合相照，貴不可言。

無輔弼同行則為孤君，雖美玉不足。更與諸殺同宮或諸吉合照，君子在野，小人在位，主人奸詐假善，平生惡積。與囚同居無左右相佐定為胥吏。如落疾厄、兄弟、奴僕、相貌四陷宮，主人勞碌作事無成，雖得助亦不為福。

【原文主旨】本文為後人添加之作。將紫微斗數中之星曜逐一解釋特性，並將其與同宮並坐的星曜相遇情況多做詳述。此文中用問答的方式再加上押韻歌謠的方式來引述前人的理念，讓後學者容易記憶。

【解析】

問：紫微所代表的意義是什麼？

答：紫微星屬土，是中天斗星中之至尊之星，為帝座。主管人之命造變化，亦為主宰命運的樞紐、玄機的一個主要關鍵之星。

天地間倚仗五行金、木、水、火、土來孕育萬物，以人之命格來做為定立命數的基礎。紫微星安定在宮位上以後，其他的星曜則依續排定。在斗數中，紫微星是掌管爵位、財祿的星。在十二宮中任何一個宮位都是能帶來祥福吉利的，也能制惡星化吉。

看命要看三台。紫微在命宮是中台。紫微星之前一位是上台（指紫微坐命者的父母宮）。後一位是下台（指紫微坐命者的兄弟宮）。都要看是否在廟旺之位？有什麼吉星或凶星來照守？如果都是在廟旺之位，能化吉是非常好的。如果三台的星都在陷位會變成凶象，其狀況是凶惡的。此時，在吉祥的限運中也不會很好。在凶厄的運限中就更凶了。人的身宮、命宮若有紫微、祿存同宮，又有日（太陽）月（太陰）在三合宮位相照，是主貴至極貴的命格。

※三台：指父母宮是上台。命宮是中台。兄弟宮是下台。合而為三台。

紫微星沒有左輔、右弼同宮或左右相夾，就是孤君，沒有輔弼之臣。雖然也是好命格，但沒有助力，是美中不足的。倘若紫微星再和各類殺星同宮，有吉星在對宮、三合宮位照守的，稱為『君子在野』格。因為有小人（殺星）在主位上，和紫微帝座平肩並坐，表示其人是奸詐，偽善、平生多做惡事的人。紫微星與囚星（廉貞）同宮，沒有左輔、右弼來相輔佐的，一定是公家中的小職員（小官吏）。

※按紫微星與囚星廉貞星，只會在三合宮位中相照守，不會同宮，因此，此可能為天府或天相之誤。

紫微星如果落在疾厄宮、兄弟宮、僕役宮、福德宮四個閒宮時，表示其人是一生勞碌奔波，做事做不成，雖然紫微星會對其有幫助，但並不造成特別好的命格。

【原文】

更宜詳細宮度，應究星纏之論。若居官祿、身、命三宮最要左右守衛、天相祿馬交馳、不落空亡、更坐生鄉可為貴論。如魁、鉞、三台星會吉星則三台八座矣。

帝會文昌拱照又得美限扶必文選之職。帝降七殺為權有吉，同位則帝相有氣，諸吉咸集作武官之職。財帛、田宅有左右守衛，又與太陰武曲同度，不見惡星必為財賦之官。更與武曲、祿存同宮身命中尤為奇特。

男女宮得祥佐，吉星主生貴子。若獨守無相佐則子息孤單。妻宮會吉男女得貴美夫婦偕老，亦要無破殺。

遷移雖是強宮更要相佐，有吉星照命則因人之貴。福德男為陷地，女為廟樂，逢吉則吉，逢凶則凶。

希夷先生曰：紫微為帝座，在諸宮能降福消災，解諸星之惡。能制火鈴為善，能降七殺為權。若得府、相、左、右、昌、曲吉集無有不貴，不然亦主巨富。縱有四殺沖破亦作中局。若遇破軍在辰、戌、丑、未，主為臣不忠，為子不孝之論。

女命逢之作貴婦斷，加殺沖破亦作平常不為下賤。

【解析】

論人之命格，更要看仔細紫微星在那一個宮位，並且要研究星位旺弱的問題。倘若紫微星在官祿宮、身宮、命宮三個主要宮位，一定要有左輔、右弼來守護防衛。有天相、祿星（祿存和化祿）、天馬等星同宮或相照，沒有空亡，又坐在生旺之地，就可以貴命來論。如果天魁、天鉞、三台等星再有吉星來相會，則是和三台、八座同宮一樣主貴的了。

紫微帝座有文昌來拱照（三合宮位來照會），又是吉美的命格。倘若運限又好，一定是主有文職貴位的職務。紫微星可降服七殺，化殺為權是吉利的。紫殺同宮時，紫微星是非常威武的，再有一些吉星相照同守，會做武官之職（軍警業）。財帛宮有左輔、右弼星，和太陰或武曲同宮或對照的人，命格中不要有煞星在財帛宮，會做財政、賦稅之官職。倘若左輔、右弼又和武曲、祿存同宮在身宮或命宮，這是更奇特的富格之命了。

男女宮（指子女宮）得吉星來輔佐，有吉星則會生貴子。若是左輔、右弼獨守子女宮，沒有吉星來相伴的，就會子息少，只有一人，或主孤。

夫妻宮中有吉星時，無論是男命、女命都會有主貴、貌美的眷屬，夫妻感情好，可白頭偕老。這也要夫妻宮沒有破軍、七殺、刑剋才行。

遷移宮雖然也是強宮，更需要有吉星來相助。有吉星在遷移宮相照命宮時，會因人而貴（有貴人相助而貴顯）。男子以福德宮為陷宮，女子則以福德宮為旺宮（古時女子因夫得貴、享榮華，故而有此論）福德宮有吉星為吉祥享福，有凶星則勞碌無福。

陳希夷先生說：『紫微星是帝座（帝星），在各宮都能降福消災。也能化解各凶星的惡質。可以剋制火鈴二星，使它們發展好的影響，更能降服七殺、化殺為權，有權威。倘若紫微星和天府、天相、左輔、右弼、文昌、文曲等吉星同宮時，沒有不貴顯的。要不然就會成為超級富翁。縱然命宮有四殺（羊、陀、火、鈴）來沖剋破局，亦算是中等的命格。倘若紫微星在辰、戌、丑、未宮遇到破軍星，為以做臣不忠，做子不孝來論之。』

※按紫微星在辰、戌宮會遇到破軍的狀況是紫相同宮，破軍在對宮相照的情形，紫微星在丑、未宮，會紫破同宮。紫破坐命者較會為臣不忠，為子不孝。紫相坐命者，溫和，但有叛逆個性，不服上。但不會大不忠或大不孝。

女子的命格逢到紫微星，以其會做貴顯的婦人來斷定。如有殺星來沖破，亦當做平常常人之命格，不做下賤命格論定。

【原文】

歌曰（一）

紫微原屬土，官祿宮主星。有相為有用，無相為孤君。諸宮皆降福，逢凶福自申。

文昌發科甲，文曲受皇恩，僧道有師號，快樂度春秋。眾星皆拱照，為吏協公平。女人會帝座，遇吉事貴人，若與桃花會，飄蕩落風塵。擎羊、火、鈴聚，鼠竊狗偷群。三方有吉拱，方作貴人評。若還無輔弼，諸惡共欺凌，帝為無道主，考究要知因。二限若遇帝，喜氣自然新。

玉蟾先生曰：紫微乃中天星，主為眾星之樞紐，為造化也。大抵為人命之主宰，掌五行育萬物各有所司。

以左輔、右弼為相，以天相、昌、曲為從，以魁、鉞為傳令，以日、月為分司，以祿馬為掌爵之司，以天府為帑藏之主，身命逢之不勝其吉。

如遇四殺（羊陀火鈴）劫、空、機、梁沖破定是僧道。此星在命為人厚重，面紫色，專作吉斷。

【解析】

紫微原本屬土，是官祿主，為官星。有左輔、右弼，有輔星相佐才會有成就，稱之有用。沒有相佐的星曜，為孤君，難以伸展。紫微在每一個宮位都能降下吉福，逢到凶厄，自然能制化呈祥。

紫微星和文昌星同宮的人，考試一定高中。紫微星和文曲星同宮的人，會至高位，有貴者相助。紫微在命宮的人去做僧（和尚）、道士，亦能名氣大，有大師的封號，並且可以快樂的過日子。命格中有紫微，再有許多星來拱照的，會做官吏掌公平刑罰之事。女人的命宮中有紫微星時，有吉星來同宮或相照的，會嫁尊貴之夫。女子若命宮中有紫微和多個桃花星同宮或相照的，會落入風塵、做淫業。紫微星和擎羊、火鈴同宮或相照，煞星多的，亦是小偷鼠輩偷盜之人。命格中必須三合方位有吉星來拱照的，才做貴顯之人的評斷。倘若紫微主命，沒有輔弼之星，又有許多煞星同宮、相照、拱照，這就是無道的帝王，命格就不好了，必須要詳細考察研究前因後果才行。大、小二限若是逢到紫微帝星，吉祥的喜氣自然是清新的。

白玉蟾先生說：紫微是中天斗星，為所有的星曜之關鍵、樞紐。也就是命理、命造之變化、結果了。並且紫微星也是人命運的主宰，它可掌管五行（金、木、水、火、土）來孕育萬物，並使萬物各司其職。

※按：紫微星位置決定後，命盤格式隨之產生，命運的變化也有了一定的程序，所以說它是人命運的主宰，是一點也不假的。紫微星定位後，各宮星曜也定出，星曜的旺弱也一併出現，五行的生剋盡在星曜與宮位的相合度上，故稱其可掌五行育萬各有所司。

紫微星以左輔、右弼為宰相。以天相、文昌、文曲為侍從。以天魁、天鉞為傳令兵。以太陽、太陰為各司晝、夜、陰、陽之職。以祿星、天馬為掌管爵位財祿之職。以天府為積蓄欽藏財富之主管。不論身宮、命宮逢到上述這些星曜，都是非常吉利、吉祥的。

如果紫微遇到四殺（羊、陀、火、鈴）、地劫、天空、天機、天梁同宮或照合為沖破，一定會做僧道之人。紫微星在命宮的人，為人敦厚、穩重，面色為紫土色，以吉星來論斷。

※按紫微星和天機星只會在臨宮，天機在紫微星逆數一宮。天梁星是南斗星曜，在每一個命盤格式中位置都不一樣，倘若以紫微坐命而論它會出見在二、四、六、八、十、十二宮，都不會入身宮。

天機、天梁皆不會入紫微坐命者的身宮，天梁可能在四方照守，因此講機、梁沖破此命為僧道，是說不通的，只能說機梁坐命時，有劫、空為沖破，可為僧道之人。

【原文】

問天機所主如何?答曰：天機屬木，南斗第三益算之善星也。後化氣曰善。得地，合之行事，解諸星之順逆定數，於人命逢諸吉咸集，則萬事皆善，勤於禮佛。敬乎六親，利於林泉，宜於僧道。

無惡虐不仁之心，有靈機應變之智，淵魚察見，作事有方。女命遇之為福，逢吉為吉，遇凶為凶，或守於身，更逢天梁，必有高藝隨身，習者宜詳玩之。

希夷先生曰：天機益壽之星，若守身、命，主人異常，與天梁左右昌曲交會，文為清顯，武為忠良，若居陷地，四殺沖破，是為下局。若見七殺天梁，當為僧道之清閑。

凡入二限逢之，興家創業更改，女人吉星高照，主旺夫益子，有權祿則為貴婦，落局羊陀火忌沖破，主下賤殘疾刑剋。

【解析】

問：天機所代表的意義是什麼？

答：天機星屬木，是南斗星第三星，也是精明、會計算的善星、吉星。化氣為善。天機在得地剛合格以上，都算是旺位，當它和太陰、巨門同宮的時候，可以化解這些星不祥的部份，使之吉順（因為天機有多變的因素，可因變制宜，使不吉變為吉。）天機星在人命宮時再逢多個吉星一起同宮，則為吉命，命運中很多事全都是吉善的。而且此人是向佛之人，有宗教信仰，勤於禮拜佛祖。也會和父母、兄弟、姐妹和順，夫妻和合，對子女慈愛，對朋友友愛。這是利於退隱過悠閒生活的，也適宜做和尚僧人和道士。

天機坐命的人，性格上沒有惡毒、殘虐、不仁義的心。但是有靈巧的、隨機應變的智慧。可以從細微處觀察事物，很細心，做事有方法，而條理井然。天機坐命的女子，是有福氣的，命宮中再逢到吉星，就更吉了。若命宮中再有凶星同宮時，就為凶命，不吉了。天機星若在身宮，再逢天梁星（機梁在身宮），此人必有很好的、精良的專業知識和手藝。學習者最好細細的體會。

陳希夷先生說：『天機是增益壽元之星，若是在身宮、命宮中，表示其人非常長壽，若與天梁、左輔、右弼、文昌、文曲同宮或相照會，做文職的人，會是清高顯達之人。做武職的人，會是忠心耿耿的善良之人。倘若天機居陷坐命的人，再有四殺（羊、陀、火、鈴）來沖破的人，命格是下等格局。倘若命格中有七殺、天梁在三合、四方照守，或同宮，或在身宮時，一生會有和尚、尼姑、道士之清閑生活。（七殺星會在『紫微在丑』、『紫微在未』、『紫微在辰』、『紫微在戌』四個命盤格式中，在天機星的四方宮位中出現，不會和天機星同宮，也不會在天機星的身宮出現，更不會在天機星的三合宮位出現，七殺星最多出現在天機星的臨宮，因此天機星不容易遇到七殺星。天梁星則會出現在天機星的同宮、對宮、和三合宮位，或身宮中關係較密切。）

凡是大、小限逢到天機運，其人會創業、振興家庭，生活是有變化的。女人逢天機居旺運，會有吉福，運氣好，能旺夫家，有利子輩。在命格、運格中有化權、化祿的人，會為貴顯的婦人（因旺夫，而夫婿登高位而貴顯），命格、運限是天機陷落，又有羊、陀、火鈴、化忌來同宮的為沖破，此命格和運限，主其人是低賤、有殘疾、帶有刑剋的人。』

【原文】

歌曰（二）

天機兄弟主，南斗正曜星，作事有操略，稟性最高明，所為最好善，亦可作群英。會吉主享福，入格局翰林。巨門同一位，武職壓邊庭，亦要權逢殺，方可立功名。天梁星同位，定作道與僧，女人若逢此，性巧必淫奔。天同與昌曲，聚拱主華榮。辰戌子午地，入廟有功名。若在寅卯辰，七殺并破軍，血光災不測。

羊陀及火鈴，若與諸煞會，災患有厄驚。武暗廉破合，兩目少光明。二限臨此宿，事必有變更。

玉蟾先生曰：天機南斗善星，故化氣曰善。佐帝令以行事，解諸凶之逆，定數於人命之中。若逢吉聚則為富貴，若逢沖殺亦必好善，孝義六親，勤於禮佛，無不仁不義之為，有靈通變達之智。女命逢之多主福壽，其在廟旺有力，陷地無吉便凶。

【解析】

天機是兄弟之星，是南斗的正曜星。天機坐命的人，做事有操守，有謀略。天賦和性格是清高、聰明的。喜歡做善事，也可以做許多人的榜樣，做帶領向善的人。命宮中或三合、四方有吉星的人會享福。命理上能成格局的人，可讀書致仕，在政府中的研究單位工作。

天機、巨門同宮坐命的人，是做武職、武將，能鎮壓國家邊境，為國之棟樑的人才。也要有權星和殺星同宮才行，才可立大業，有功績名利。（老總統蔣中正便是機巨坐命的人。）天機、天梁同宮坐命的人，會做道士和僧人（和尚、尼姑）。女人若是機梁坐命的人，其性格是伶巧，但會與人私通而私奔的。天機坐命命格中有天同、文昌或文曲的人，或是天同、昌曲來拱照的人，表示其人有榮華富貴。天機在辰、戌、子、午的宮位，星旺入廟位時，會有官位成就。（天機只有在子、午宮居廟位，在辰、戌宮居平位，故此處有瑕疵。）天機星如果在寅、卯、辰三宮，有七殺、破軍來會，有血光之災和災禍不測。

※按天機星不會出現在『殺、破、狼』格局上，故不會同宮，也不會在三合相照之位上。天機在卯宮時，機巨同宮，此是『紫微在辰』、『紫微在戌』的命盤格式中。天機星的四方宮位中，會有七殺出現，其餘的皆不見。天機星也不會和破軍在同宮或三合方位相會，只會在『紫微在卯』、『紫微在酉』的命盤格式中，破軍是在天機星的四方宮位中出現。因此此句『若在寅、卯、辰，七殺并破軍，血光災不測。』應指大、小運限遇之，才可能發生。

天機星若和羊陀、火鈴，或是其他的煞星相會，是會有災厄、驚厄之事的。若是和武曲、巨門、廉貞、破軍同宮或三合相會，其人的雙目是灰暗不明亮的。大、小限，臨天機運，運程中多變化，會有很多事起伏不定。

※天機星在寅、申宮時，四方之位有武破。天機星在子、午宮時，對宮有巨門星，天機和廉貞星則是同宮、對宮、三合、四方皆不會碰到（這應指運限中）。

白玉蟾先生說：天機星是南斗之宿，為善星，是故化氣為『善』。是輔佐紫微帝座之令來做事的。可以化解一些凶星的叛逆之性。倘若天機居於人之命宮，逢到多顆吉星相聚在命宮，就會有富貴。倘若有煞星來沖破，也是會向善、友孝、忠義於六親關係。向佛道，有宗教信仰，沒有不仁不義之行為。並有伶巧、變通，會隨機應變的智慧。女子有此命格的人，多半主多福、多壽。天機要在廟旺之位才會命格好。天機在陷位，無吉星相扶，便是凶命。

※此段文字中『若逢沖殺，亦必好善、孝義六親，勤於禮佛，無不仁不義之為。』似與前段陳希夷先生說的有衝突。陳希夷先生曰：『落局羊、陀、火忌沖破，主下賤殘疾刑剋。』有下賤、殘疾、刑剋者即無法好善、孝義六親，勤於禮佛，更常有不仁不義之行為，故有矛盾之處。

【原文】

問太陽所主若何？答曰：太陽星屬火，日之精也。乃造化之表儀，在數主人有貴氣，能為文為武，諸吉集則降禎祥，處黑星則勞心費力。若隨身、命之中，居於廟樂之地，為數中之至曜，乃官祿之樞機，後化貴、化祿，最宜在官祿宮。男作父星，女為夫主。

命逢諸吉守照，更得太陰同照，富貴全美。若身居之逢吉聚則可在貴人門下客，否則公卿走卒。夫妻亦為弱宮。

男為諸吉聚可因妻得貴。陷地加殺傷妻不吉。男女宮得八座加吉星在廟旺地主生貴子，權柄不小。若財帛宮於旺地會吉相助，不怕巨門纏，其富貴綿遠矣。

若旺相無空劫一生主富。居田宅得祖父蔭澤。若左右諸吉星皆至大小二限俱到，必有驟興之喜。

若限不扶不可以三合論議恐應小差。女命逢之限旺亦可共享。與鈴、刑、忌集限，目下有憂或生剋父母。刑殺聚限，有傷官之憂，常人有官非之撓。與羊、陀聚則有疾病，與火、鈴合其苦楚不少，推而至此禍福瞭然。

【解析】

問：太陽所代表的意義是什麼？

答：太陽星五行屬火，是日之精華。太陽是人命運之表相。在命數上代表人的貴氣。能夠從文職，也能從武職。太陽若和多個吉星同宮，則會有吉祥順利之事。若太陽居陷無光，一生則勞碌，費力氣，無法順利。太陽若在人之身宮、命宮，又居於廟旺之位，就是命數最好的星。太陽星是官星，為官祿宮的樞紐機關，非常重要。再有太陽化祿、太陽化權，最好是在官祿宮中。男子以太陽星來主父，看與父親的關係。女子以太陽星來主夫，看與夫婿的關係。

太陽坐命，命中又有諸吉星來照守的，更得到太陰星一同來照會的命格是富貴全都有的命格。（此指太陽在卯、辰、巳宮坐命，再有吉星來會時）。倘若身宮有太陽星，再有吉星同宮的人，則可以在顯貴之人的底下做事、做幕僚，否則上做公卿（大官），下做販夫走卒是不一定的。

太陽在夫妻宮時，為弱宮（閒宮），是對事業、成就沒有力量的。男子在夫妻宮中有太陽星，再有吉星同宮，可以因妻家勢力或因妻子有能力幫忙來得到事業上的成就。太陽居陷無光，再有殺星在夫妻宮的人，是刑剋妻子的人，為不吉利的。子女宮有太陽星，再有八座星，再加吉星同宮的命格，必須各星在廟旺之位，會生貴子，其子的未來成就會掌握大權。若財帛宮中有太陽居旺，再加吉星相助，就不怕巨門暗星來纏鬥，其富貴綿遠流長，可以享福很久。（此指陽巨同宮在寅宮，或太陽在巳宮，對宮有巨門相照的格式，但必須有吉星加持，這兩個狀況可有富貴）。

倘若命格中太陽是在旺位，或得地合格之位的，沒有天空、地劫來同宮、或相照，則會一生富有。太陽居旺在田宅宮，會得到祖上、父輩的蔭福家產。倘若太陽居旺，再加左輔、右弼和其他的吉星，一起在大限、小限中出現，一定會有突然興旺的喜事。

倘若大、小限運不好，是不可以用限運的三合宮位來看輔運的。這樣做的話，會有不準確的情形。女子的命格逢到大小、小限有太陽居旺時，可和夫婿共享富貴。在大、小限中有太陽、鈴星、刑星（羊、陀）、化忌一起出現時，眼下就有憂愁事，或是剋害父母，與父母不合。太陽、刑星和殺星聚集在限運中，有傷害官運的憂患。平常人會有官司纏身的困擾。太陽與羊、陀同宮在大、小限（指流年）中，會有疾病。太陽與火星、鈴星相照合，會有很多苦事煩惱。推算到此處，災禍與吉福都非常清楚了。

【原文】

遷移宮其福與身命不同，難招祖業，移根換葉，出祖為家，限步逢之決要動移。女命逢之不及，若福德宮有相佐夫招賢明之夫，父母宮男子單作父星有輝則吉，無輝剋父。

希夷先生曰：太陽星周天曆度，輪轉無窮，喜輔弼而佐君象，以祿存而助福。所忌者巨暗遭逢，所樂者太陰相旺，諸宮會吉則吉，黑道遇之則勞。守人身、命，主人忠梗，不較是非，若居廟旺化祿化權，允為貴論。

若得左右昌曲魁鉞三合拱照財官二宮，富貴極品。加四殺亦主飽暖，僧道有師號。女人廟旺，主旺夫益子，加權祿封贈，加殺主平常。

【解析】

太陽星在遷移宮中的吉凶，是和在身宮、命宮不一樣的。它是無法繼承祖業，會遠離家鄉，或過繼為人子，離開祖家，自主為家的人。限運逢到遷移宮的太陽星，是一定要遷徙移動，有工作上的遷移或搬家的事情。女命逢到遷移宮中有太陽星是不吉的。倘若福德宮有太陽星，可有幫夫運，會輔佐夫婿，並可嫁到賢明的好丈夫。太陽星在父母宮中，男子之命，單就以父星而論，太陽居旺有光輝就是吉祥，太陽居陷無光，就會剋父。

陳希夷先生說：太陽星以三百六十五天繞行一週，稱為『周天』，是我們日常所用之曆法的度數。太陽會一直運轉，不會停止。它喜歡有左輔、右弼來輔佐它。太陽有君王之象，以祿存同宮會更相助有福。太陽所忌諱、害怕的是巨門星（稱暗曜）來同宮或在對宮，或三合相照。太陽喜歡有太陰居旺相照。太陽星在每一個宮位與吉星會合就會趨吉。太陽陷落無光稱黑道，人命遇太陽陷落則勞碌奔波。太陽在人的身宮、命宮，表示其人是忠心、耿直、不計較他人是非。若太陽居廟旺，又帶化祿、化權，其人就會貴顯。

倘若太陽有左輔、右弼、文昌、文曲、天魁、天鉞等星來三合拱照財帛宮或官祿宮，是有極大的富與貴的命格。（因具有『陽梁昌祿』格而主貴，因貴得富。）若再加四殺（羊、陀、火、鈴）亦有溫飽之工作。出家人、和尚有此命格的人，亦會有名，成為大師級的人物。

女人命格有太陽在廟旺之位又在財、官二宮的人，也會旺與夫婿，教益子女。再有化權、化祿跟隨太陽星者，會有政府頒發獎勵之事。若太陽加殺星，則主為平常命格了。

【原文】

歌曰（三）

太陽原屬火，正主官祿星，若居身命位，稟性最聰明，慈愛最寬大，福壽享遐齡。

若與太陰會，驟發貴無倫。有輝照身命，平步入金門。巨門不相犯，升殿承君恩。

偏垣逢暗度，貧賤不可言，男人必剋父，女命夫不全。火鈴逢若定，羊陀眼目昏。二限若值此，必定賣田園。

玉蟾先生曰：太陽司權貴為文，遇天刑為武。在寅、卯為初昇，在辰、巳為昇殿，在午為日麗中天主大富貴。在未、申為偏垣，作事先勤後惰。在酉為西沒，貴而不顯秀而不實。在戌、亥、子為失輝，更逢巨暗破軍一生勞碌貧忙，更主眼目有傷，與人寡合招非。

女命逢之夫星不美，遇耗則非禮成婚。若與祿存同宮，雖主財帛亦辛苦不閑。若與帝星、左、右同宮，則為貴論。又嫌火、鈴、刑、忌未免先剋其父。此星男得之為父星，女得之為夫星。

【解析】

太陽原本屬火，是官祿星，倘若在人的身宮、命宮的宮位，是天資稟賦最聰明的人。心胸慈愛，氣量寬大，有福、有壽可享高齡。

太陽若與太陰相照會，會有突發貴顯的機會（此指太陽在辰宮，對宮有太陰對照）。太陽居旺在身宮、命宮時，更是可以平步青雲，既富且貴的。太陽星只要在升殿以上的旺位，巨門暗星（主爭鬥）就不會來侵擾，並且也可在國家機構做高官、高等公務員了。

※按太陽單星坐命者，巨門星會在其財、遷、官三個宮位，對照或三合拱照，故對太陽星的影響很大，太陽在辰、巳、午宮皆有『日月居旺』的格局。在辰、巳宮為『升殿』，太陽在辰時，財帛宮是巨門居旺。太陽在巳宮時，巨門在對宮居旺相照，此兩位皆是巨門居旺來會的狀況，故有利於太陽。太陽在午宮，巨門星居陷在官祿宮，事業上是非爭鬥多，故不佳。

太陽在未、申宮時已西偏，旺度不夠亮，再遇巨門暗曜，是貧賤的命格（指陽巨坐命申宮）。男子有此命會剋父，女子有此命會剋夫，夫妻不能白頭到老。

有火星、鈴星同宮或照會也是一樣的。有羊、陀來同宮、照會時，其人的眼睛有病，昏盲看不清楚（亦可能是近視加深，或有眼部視網膜病變）。大、小限逢到太陽偏西，又有刑星相剋時，一定會耗敗家財、賣掉房地產。

白玉蟾先生說：太陽是在文職方面可掌權威，主貴顯，有權勢。太陽遇到天刑會做武職。太陽在寅宮、卯宮稱為『初昇』，是太陽剛昇起來的時候。在辰宮、巳宮為『昇殿』，是居旺位的時候。太陽在午宮為『日麗中天』格會有大富大貴之人生際遇。太陽在未宮、申宮為偏西，是做事起先很勤勞，中年以後怠惰。太陽在酉宮為『西沒』，即將西下，是命中主貴但不會在顯要位置（做高層人士的幕僚），人品秀麗但才華不實在的人。太陽在戌宮、亥宮、子宮為沒有光輝（太陽已入地平線以下了），再逢到破軍、巨門等星，是一生勞碌奔忙、窮忙的人，更會有眼目之疾或傷害，並且與別人多是非糾紛，無法和睦相處。

※按太陽在戌、子、亥三宮時，太陽失輝無光芒，命格中更是『日月反背』的格局。太陽居戌坐命時，巨門居旺在財帛宮，破軍居丑、紫破同宮在田宅宮。有破耗在田宅，財庫有破洞，守不住，不富。並會愛面子，住豪宅或高級地段，打腫臉沖胖子，本身沒錢。太陽在子宮坐命，巨門居陷在官祿宮，事業上競爭是非多，爭鬥多，不清閒，也無法多得財。破軍在兄弟宮，武破同宮，兄弟感情不佳，且窮困，無助力。太陽在亥宮坐命時，巨門居旺在對宮相照，破軍在父母宮與父母不和，父母多破耗、離異、幼時家宅不寧，一生在外是非爭鬥多。且在男人社會中無競爭力，鬥不過外面的男性，會隱藏在別人背後，只能做幕僚工作。

女子逢到太陽陷落在夫妻宮時，是不好的。代表與夫婿不合，並且丈夫性格較悶，亦短壽。太陽居陷坐命的女子，田宅宮又逢耗星破軍的人，會與人同居，或沒有舉行婚禮就結婚。倘若太陽居陷和祿存同宮坐命，雖然也會有一些錢，可是辛苦異常，一生操勞不清閒。太陽星與紫微帝座，左輔、右弼同宮則以貴命論之。（太陽星不會和紫微同宮，太陽永遠在紫微星後的第四宮，故此有錯。只能說太陽和左輔、右弼同宮，以貴論之。）太陽坐命再有火星、鈴星、刑星（羊、陀）、化忌同宮或相照的，一定會先與父親有刑剋，不合或父早亡。（早離家，少相聚，則可解。）

太陽星在男子命格中，代表為看與『父親』之間關係的星曜，在女子命格中為看與『夫婿、配偶』之間關係的星曜。

【原文】

問武曲星所主若何？答曰：武曲北斗第六星，屬金，乃財帛宮主財。與天府同宮有壽。其施權於十二宮，分其臨地有廟、旺、陷宮，主於人性剛果決，有喜有怒可福可災。若陷囚會於震宮，必為破主淹留之舉。與祿馬交馳發財於遠郡。若貪狼同度慳吝之人，破軍同財鄉財到手而成空。諸凶聚而作禍，吉集以成祥。

【解析】

問：武曲星所代表的意義是什麼？

答：武曲星是北斗第六星，五行屬金。主管財帛宮，主財富。武曲若與天府同宮，是有長壽的人。武曲在十二宮中，也會在居廟位、旺位、平陷之宮的宮位中。（武曲居平位已算是陷位了，並無真正的落陷。）

武曲在人的命宮中，其人是個性剛直、果斷、堅決的。喜怒哀樂很明顯，亦有財福和災禍。倘若居平陷位在卯宮（震宮即卯宮），有七殺同宮，一定會有錢財不順，為財持刀之舉動。（武曲、七殺同宮，為財星被殺星所劫財，稱『因財被劫』。）

命格中有武曲與祿星（祿存、化祿）和天馬同宮，是在遠鄉發財的人。武曲若和貪狼同宮或相照在命宮的人，是一個性慳吝嗇之人。武曲和破軍同宮坐命的人，是一個錢財到手成空、耗財多，留不住財的人。武曲坐命，有多個凶星同宮或照會的，則不吉，作禍刑財。有多個吉星同宮或照會的，則財多、吉祥多。

【原文】

希夷先生曰：武曲屬金，在天司壽，在數司財，怕受制入陷，喜祿存而同政，與太陰以互權。

天府、天梁為佐貳之星，財帛出賓為專司之所惡。殺、耗因會於震宮，必見木壓雷震。破軍、貪狼會於坎宮，必主投河溺水，會祿馬則發財遠邑，貪狼會則少年不利，所謂武曲守命福非輕，貪狼不發少年人是也。

廟樂桃花同月利己損人。七殺、火星同宮因財被劫。遇羊、陀則孤剋。遇破軍難顯貴，單居二限可也。

若與破軍同位更臨二限之中，定主是非之撓。蓋武曲守命主人剛強果斷，甲己生人福厚，出將入相，更得貪、火沖破定為貴格。

嘉西北生人，東南生人平常，不守祖業。四殺沖破孤貧不一，破相延年。女人吉多為貴婦，加殺沖破孤剋。

【解析】

陳希夷先生說：武曲五行屬金，在天命中主管壽元。在命數中主管錢財，武曲最怕受到剋制或在陷位。武曲喜歡有祿存同宮，或與太陰（陰財星）相互作用可存錢。也可相互管制理財。

天府、天梁為武曲的輔佐之星。錢財拿出去，是武曲星所痛惡的。殺星、耗星和武曲相會於卯宮，一定有木來壓制雷電和擊震。武曲和破軍、貪狼相會於坎宮（子宮），一定會投河溺水而亡。（武曲和破軍會同宮於亥是乾宮、武曲和貪狼同宮於丑宮是艮宮。武曲在子宮是與天府同宮，因此有謬誤，這只是大概的講法）。

武曲和祿星（祿存、化祿）、天馬同宮，則會在外鄉發展得財。武曲和貪狼相會，或同宮，是少年辛苦不順利的。這就是所謂的武曲在命宮是財星守命，多財富、財福，而貪狼在命宮出現，是不會在少年時代發福、發達的。

武曲星居廟位，再有桃花星同宮或相照，和有太陰星相照的人是自利於己，而損害別人的人。（太陰星不在武曲的三合或對照的位置上，或可說天同、太陰相夾武曲）。七殺、火星和武曲同宮，稱做『因財被劫』。（財星被煞星所劫財）武曲和羊、陀同宮或相照，主其人孤獨有刑剋。武曲和破軍同宮坐命的人，很難貴顯有大成就。就在大、小限中還算可以。

倘若武曲與破軍同宮，又在大、小限之中（就是在大運、流年之中），一定會有是非災禍擾亂。

武曲坐命的人，性格是剛直、強勢、果決、立斷的。生於甲年和己年的人，命格好福份厚。可出將入相做大官（甲年生有武曲化科在命宮，己年生的人，有武曲化祿在命宮。）倘若更有火星、貪狼為『火貪格』之暴發格，同時也可主貴而貴顯。

武曲坐命者，最好是生於西北方的地方，或是在庚、辛、戌、亥年生的人。倘若是生於東南方的地方（中國之東南方，如台灣、浙閩等地），或是甲、乙、丙、丁、卯、辰、巳、午年生的人，則是平常命格，也是不守祖業、離鄉發展的人。命格中有四殺（羊、陀、火、鈴）沖破的人，是孤獨、貧困有其中一項或是都有的人。頭腦有破相傷痕的人，可以延年益壽。女人是武曲坐命、命格中吉星多的可為貴顯之婦人。有殺星沖破命格的人，就會孤寡刑剋。

【原文】

問天同星所主若何？答曰：天同星屬水，乃南方第四星也。為福德宮之主宰，後云化福，最喜遇吉曜助福添祥。為人廉潔，貌稟清奇有機樞無亢激，不怕七殺相侵，不怕諸殺同纏。限若逢之，一生得地。十二宮中皆曰福，無破定為祥。

希夷先生曰：天同南斗益福保生之星。化祿為善，逢吉為祥。命身值之，主為人謙遜，稟性溫和，必慈祥耿直，文墨精通，有奇志無凶激，不忌七殺相侵，不畏諸凶同度，十二宮中皆為福論。遇左、右、昌、梁貴顯，喜壬乙生人。巳亥得地，不宜六庚生人。居酉地終身不守，會四殺居巳亥為陷，殘疾孤剋。

女人逢殺沖破，刑夫剋子，梁月沖破合作偏房。僧道宜之，主享福。

【解析】

問：天同星代表什麼意義呢？

天同屬水，是南斗星曜中第四顆星。天同為主管福德宮的主要星曜。後來的人稱它能化福，為福星。天同最喜歡有吉星來同宮或照耀，可增加吉順祥福。天同坐命的人，為人清廉、潔身自好。相貌清秀、性格溫和、有機智、多謀之智慧，沒有亢奮，激動的情緒。不怕七殺星來侵犯，也不怕煞星來同位（同宮或對照）。大小限若逢到天同運一直都是平和的。天同在十二宮中皆有福氣，沒有沖破都會是吉祥的。

陳希夷先生說：『天同是南斗星君中主有益於福氣，能保護生命重要的星。可將祿星導引為善事。天同逢到吉的星，就會創造祥和。命宮、身宮有天同星的人，表示其做人是謙順和遜的，個性十分溫和，也一定是有慈愛心，性情耿直，也會精通一些文章之事。有遠大的志向，沒有激烈凶狠的言行。不怕七殺星相侵，也不畏凶星同宮或對照。天同在命盤十二宮中皆以有福來定論。』

天同在巳、亥宮，對宮有左輔、右弼、文昌、天梁而貴顯。以乙年生的人、壬年生的人，坐命巳、亥宮最好。（因乙年有天梁居陷化權，壬年生的人有天梁居陷化祿來相照。不適宜庚年生的人（六庚指庚子、庚寅、庚辰、庚午、庚申、庚戌年）因庚年擎羊在酉宮，天同坐命巳、亥宮時，夫妻宮或官祿宮中會有擎羊星，都會影響『命、財、官』有剋害。）

天同居酉宮為居平，財帛宮是巨門居旺，官祿宮是天機陷落，『命、財』皆居平陷位，終身無法有成就。天同在巳、亥宮與四殺（羊陀、火、鈴）同宮或照會為居陷不佳之命格（天同在巳、亥宮本來居廟位，但有殺星同宮，以陷落論之），福星遭煞星侵臨不吉，有身體傷殘，疾病的孤獨刑剋。（擎羊不會出現在寅、申、巳、亥四宮，故只有陀、火、鈴和劫空會與天同在巳、

亥宮同宮）

女人為天同坐命者，有殺星同宮或相照來沖破的命格，會刑剋夫婿和子女。倘若女命是天同，在三合相照、對宮相照，四方照守的天梁或太陰與殺星（指羊陀、火鈴、劫空）同宮被沖破的話，會做偏房（姨太太），也可做尼姑、道士之流，但是可以清閒享福。

【原文】

問廉貞所主若何?答曰：廉貞屬火，北斗第五星也。在斗司品職，在數司權令。不臨廟旺，更犯官符，故曰化囚為殺。觸之不可解其禍，逢之不可測其祥，主人心狠性狂，不習禮義。

逢帝座執威權，遇祿存主富貴，遇昌曲好禮樂，遇殺曜顯武職，在官祿有威權。在身命為次桃花，若居旺宮則賭博迷花而致訟。與巨門交會於陷地，則是非起於官司。逢財星耗合祖業必破，遇刑忌則膿血不免。遇白虎則刑杖難逃。會武曲遇刑制之鄉，恐木壓蛇傷。同火曜於陷空之地，主投河自縊。破軍與日月以濟行，目疾而不免。限逢至此災不可攘，只宜官祿、身、命之位，遇吉福映。逢凶則不慈，若處他宮，禍福宜詳。

歌曰(四)

廉貪巳、亥遇，吉福盈豐衣，過三旬後，須防不善終。

【解析】

問：廉貞星是代表什麼意義？

答：廉貞五行屬火，是北斗星群中之第五星。在斗星中它是專管人職務等級的。在命數中它是專管掌權、號令的星。廉貞星不在廟旺之位，就容易犯官符，有官非，故稱其為『化囚為殺』。（廉貞星性凶悍，為囚星，態度沈潛，陰暗，可用此特性，做為強勢、強悍、奪權的力量。故曰『化囚為殺』。）碰到廉貞運是無法化解官非災禍的。逢到廉貞運，也無法則預吉祥。

廉貞在命宮的人，表示其人心地狠毒，性格狂妄，不講禮貌和義氣。

廉貞逢到紫微帝座在『命、財、官』之中，可手握大權有威儀。廉貞逢祿存同宮或在遷移宮中相照命宮，主其人有富貴。廉貞和文昌、文曲同宮或在對宮相照，主其人知書達禮，喜歡音樂。廉貞和七殺同宮坐命，可做武職居顯達之位。廉殺在官祿宮，是武職，可掌威權的人。

廉貞在身宮、命宮為次桃花星。倘若廉貞居旺在命、身宮時，則是個喜歡賭博、酒色財氣之人，並因此而遭官非訴訟。（廉貞只在寅、申宮居廟位，在其他的宮位皆居平陷位。）廉貞與巨門皆居陷位在四方之位相照會，則會有是非口舌的災禍，並會打官司。（在『紫微在子』、『紫微在午』、『紫微在卯』、『紫微在酉』四個命盤格式中，廉貞星居平的，巨門是居陷的，並且廉貞和巨門是在四方宮位中相照。前者是廉府和同巨在四方宮位相照。後者是廉殺和巨門陷落在四方宮位相照。）

廉貞星碰到財星武曲和耗星（破軍）在三合宮位中相照時，祖業會破敗。（這是指廉殺坐命的人，在官祿宮有武破，主其人白手起家，原先家業無以為繼。）廉貞加刑星（羊陀）、加化忌在命宮或運限之中，就會有身體受傷、血光、開刀之事。廉貞和白虎同宮，就會遇到刑罰犯刑之事會遭牢獄之災或棍杖處罰。廉貞和武曲三合相會於剋制的宮位，恐木壓蛇傷（指廉貪同宮於巳、亥，而武曲和七殺一同在卯宮，或在酉宮來和廉貪三合照守之意。廉貞屬火，貪狼屬木，巳宮為蛇宮，亥宮為木長生之宮，故謂木壓蛇傷，言不吉。）

廉貞和火星同宮居陷位，主其人會投河自盡。（此指廉貪加火星在亥宮坐命者而言。）廉破坐命，三合或四方有太陽、太陰居陷來照守的，是會生眼目之疾的人。運限逢到廉破運，有災禍無法擋。此廉破只適宜在官祿宮、身宮或命宮的位置。遇到吉星多，則有福蔭。遇到凶星多，其人是不慈善的。廉破若在其他的宮位（指卯宮），是吉是凶必須看清楚。

歌謠（四）

廉貪在巳、亥宮同宮時，是吉祥、福氣豐裕，日子過得不錯。但過了三旬之後（指第三個大運之後），要預防惡死，不能好好結束生命的問題。

【原文】

問天府所主若何？答曰：天府屬土，南斗主令第一星也。為財帛之主宰，在斗司福權之宿，會吉皆為富貴之基，定作文昌之論。

希夷先生曰：天府乃南斗延壽解厄之星，又曰司命上相、鎮國之星。在斗司權，在數則職掌財帛、田宅、衣祿之神。為帝之佐貳，能制羊陀為從，能化火、鈴為福。主人相貌清奇，稟性溫良端雅。與太陽、昌、曲會必登首選。逢祿存、武曲必有巨萬之富。

秘云：天府為祿庫，命逢終是富是也，不喜四殺沖破，雖無官貴亦主財田富足，以田宅財為廟樂，以奴僕相貌為陷弱，以兄弟為平常。命逢之得相佐，主夫妻子女不缺，若值空亡是為孤立，不可一例而推斷，大抵此星多主吉。

又曰：此星不論諸宮皆吉，女命得之清正機巧、旺夫益子，雖見沖破亦以善論。僧道宜之，有師號。

歌曰(五)

天府為祿庫，入命終是富。萬頃置田庄，家資無論數。女命坐香閨，男人食天祿。此是福吉星，四外無不足。

【解析】

問：天府星所代表的意義是什麼？

答：天府星五行屬土，是南斗星中可發號司令的第一顆星。天府是祿庫，為管理財帛的主宰。在斗星中是管理人之福德、福氣，以及權力的星曜。再照會吉星，可以做富貴的基礎支柱。也可以和文昌星一樣有文質、精明，通文墨等特質來相提並論。

陳希夷先生說：『天府星是南斗主星，又是可以延壽命、解災厄之星』。又稱做『主導命格為宰相、威鎮邦國之星曜。』在斗星中主管權力。在命數中則是掌管錢財、田宅、衣帛、財祿的神祉。天府是紫微帝座的輔佐之星。能制化擎羊、陀羅為隨從，能制化火星、鈴星為人造福。天府坐命的人，是相貌清秀、俊緻出群的。天賦性格溫和良善，端莊、文雅。天府與太陽、文昌、文曲照會，必會考試、應試得到第一名。天府和祿存、武曲同宮坐命，一定會有富翁級的財富。

書上說：『天府為祿庫之星。命宮裡有天府星，終歸是富人。它不喜歡有四殺（羊、陀、火、鈴）來沖破，雖然沒有做官主貴的資材，也會有財祿、房地產而富足。天府星以在田宅宮、財帛宮為旺宮。以僕役宮、福德宮為落陷宮、弱宮。以天府在兄弟宮為平常宮位，沒有吉與不吉之說。

命宮逢到天府坐命，又有吉星相輔的人，是有妻子、兒女俱全的人。若天府坐命，命宮中有空亡或天空，地劫的人，為孤立之人。但不可以一個例子就來推斷。大都是以天府星是主吉之星。

又說：『天府不論在那一個宮位都是吉利的。女命天府是清雅、端正、機智、靈巧的人，也能旺盛夫婿家庭，有益子女。縱然有煞星沖破，還是以善良而論之。出家人亦宜天府坐命，會有大師風範，名揚四海。』

歌謠(五)

天府是祿庫，在人命宮終究是富翁。有萬傾的良田，家財多得數不盡。女命天府之人是端坐香閨之人，言其守本份。男人為天府之命，可以做公務員，吃公家糧祿。天府是福吉的善星，出外行走也不會不豐足。

【原文】

問太陰星所主若何?答曰:太陰乃水之精。為田宅,主化富。與日為配,為天儀表。有上弦下弦之用,黃道黑道分勢。尚好盈虧數定廟樂,其為人也,聰明俊秀,其稟性也,端雅純祥。上弦為要之機,下弦減威之論。所值不以所見無妨,若相坐於太陽,日在卯,月在酉,俱為旺地,為富貴之基。命坐銀輝之宮,諸吉咸集,為享福之論。

若居陷地,則落弱之位,若上弦下弦仍可,不逢巨門為佳。身若居之,則有隨娘繼拜或離祖過房。身命若見惡殺交沖必作傷殘之論。除非僧道,反獲禎祥。決禍福最為要緊,不可參差。又或與文曲同居身命定是九流術士。男為妻宿,又作母星。

【解析】

問:太陰所代表的意義是什麼?

答:太陰屬水,是水之精華。也為田宅主,化為富氣。太陰與太陽同在天上，為天上的星曜現象。太陰是月亮要分上弦、下弦的情況，以黃道、黑道來分運勢好壞。最好的旺弱變化必須是太陰居廟位為命好。太陰居廟位的人，是聰明俊秀、長相美貌的人。其天性格也是端正高貴、雍雅、純正、祥和的。上弦月出生的人，為最佳的命理變化。下弦月出生的人，是有不明亮的論法。倘若命宮所在的位置，不是很明確可看得出上、下弦，也無所謂。太陰若和太陽同在命格中，只要太陽在卯宮（為日門），太陰在酉宮（月門），這兩個地方都是日月的旺地，因此這也是命格中俱有富貴的基礎了。太陰坐命居旺的宮位，再有吉星多來照會或同宮，是以可享福祿來論其命的。

太陰若居陷，就會落在弱宮，如果出生日、時在上弦或下弦，仍不錯的話，（此指要上弦日時出生），以不碰到巨門暗曜為最好。身宮若有太陰星，則會隨母親改嫁有繼父、改姓，或是過繼給人做養子女，也會改姓。

身宮、命宮有太陰居陷，再加惡星、殺星交互照會沖剋，一定做四肢傷殘，或遇傷殘血光之事來論了。此命格除了做和尚、道士、尼姑，反而會吉祥順利。

決定災禍與吉福之事是最重要的事，是不可以弄錯的。太陰居陷又與文曲同宮在身宮、命宮，一定是層級低下的算命之人。

太陰在男子為妻星，代表妻子。又當做母親的星曜，看與母親的關係。

【原文】

希夷先生曰：太陰化祿與日為配，以卯、辰、巳、午、未為陷地，以酉、戌、亥、子、丑為得垣。酉為西山之門，為東潛之所，嫌巨曜以來纏，怕羊、陀以同度。廉囚相犯七殺祖沖恐非得意之垣，定作傷殘之論。

此星屬水，為田宅宮主，有輝為福，失陷必凶。男女得之皆為母星，又作妻宿。若在身命廟樂吉集主富貴。在疾厄遇陀暗為目疾。遇火、鈴為災。值貪殺損目。在父母如陷地失輝，遇流年白虎太歲主母有災。此雖純和之星，但失輝受制則不吉。若逢白虎、喪門、吊客妻亦慎之。

【解析】

陳希夷先生說：太陰化祿與太陽相配合時，以卯宮、辰宮、巳宮、午宮、未宮為陷地，太陰都是居陷位的。以酉宮、戌宮、亥宮、子宮、丑宮為旺位。酉宮為太陽西下之門戶，在月亮是月門，最怕有巨門星來糾纏，也怕和擎羊、陀羅同宮或相照（陀羅不會在卯、酉宮出現）。也怕廉貞星來侵犯，和七殺星來相沖，都是不好的星位，一定做身體有傷殘來論了。

※按太陰坐命的人，巨門星是在其福德宮，而廉貞、七殺會在其『兄、疾、田』、『父、子、僕』等三合宮位中，不會直接和太陰坐命者的『命、財、官』來相沖照，只能說在四方宮位、子女宮、遷移宮、田宅宮出現時，因四方照合的關係而有沖剋不吉。

太陰屬水，為田宅宮主掌之星。太陰居旺稱有輝，是吉的。太陰落陷一定是凶象。男子與女子在命格中都是代表母親的星。男子又代表是妻星。太陰在身宮、命宮居廟位，再有吉星同宮或拱照，代表其人一定有富貴。太陰居陷在疾厄宮有陀羅，有眼睛的疾病。太陰與火星、鈴星同宮有災厄。倘若正逢貪狼、七殺運程，會損害眼睛。太陰居陷在父母宮，遇到流年逢白虎星或太歲當頭，表示母親有災厄。

太陰雖然是純厚、溫和之星，但是陷落失輝，受到剋制，就是不吉了。倘若再逢白虎、喪門、吊客等星同在流年裡，妻不吉，有生命之憂，要小心。

【原文】

問貪狼所主若何？答曰：貪狼北斗解厄之神，第一星也。屬水化氣為桃花，為標準乃主禍福之神。受善惡定奸詐，瞞人授學神仙之術，又好高吟，淫蕩作巧成拙。入廟樂之宮可為祥、可為禍。

會破軍迷花戀酒而喪命，同祿存可吉，遇耗因以虛花。遇廉貞也不潔，見七殺或配以遭刑。遇羊陀主痔疾，逢刑忌有斑痕。二限為禍非輕，與七殺同守身命，男有穿窬之體，女有偷香之態。諸吉壓不能為福，眾凶聚愈藏其奸，以事藏機虛花無實，與人交厚者薄，而薄者又厚。

故云：七殺守身終是夭，貪狼入廟必為娼。若身命與破軍同居，更居三合之鄉、生旺之地，男好飲而賭博游蕩，好女無媒面自嫁，淫奔私竊輕則隨客奔馳，重則遊於歌妓。

喜見空亡反主端正，若與武曲同度為人諂佞奸貪，每存肥己之心，並無濟人之意。與貞同宮公庭必遭刑，七殺同宮定為屠宰。羊、陀交併必作風流之鬼，昌、曲同度必多虛而少實。與七殺、日、月同纏男女淫邪虛花，巨門交戰口舌是非常有。若犯帝座無制便為無益之人，得輔、弼、昌、曲夾制則無此論。

【解析】

問：貪狼所代表的意義是什麼？

貪狼是北斗星群中之解除災厄之神祉，也是北斗第一星。五行屬水，化氣為桃花，是標準的主禍福的神。以其接受善惡的程度來定其人的奸詐，其人會瞞著別人學做神仙的方法，喜歡學算命，也喜歡清高的吟唱歡樂，性情浮蕩、不穩重，做事投機取巧而失敗。貪狼在廟位時，可吉、可凶。貪狼與破軍三合照會，會迷戀酒色而喪命。貪狼居廟和祿存同宮是吉利的，貪狼遇到耗星破軍，是不實在的狀況。（殺、破、狼在三合宮位中相照會）貪狼和廉貞同宮或相照，是不潔身自愛的人，（桃花多、較淫）。有七殺在三合相照宮位，有惡星會有刑罰之事。貪狼有羊陀同宮或相照，主其人有痔瘡之疾病。貪狼逢刑星（羊、陀）再有化忌同宮，臉上、身上有斑痕。大、小限遇到貪、刑、忌之年，災禍是不輕的。貪狼坐命，有七殺在身宮，或七殺守命、貪狼在身宮，男子為宵小偷竊之人，女子為有私情之人。縱然有很多吉星來壓制，也不能平息轉好。若有很多凶星來同宮或相照，其人更會隱藏其奸佞，用掩蓋的方式來隱藏自己的醜惡，其人是虛偽不實在的人。貪狼坐命者是與人相交，交情好的人，反而待之以薄（不好），而交情淺薄的人，反而對其很好，不知輕重。

※窬：音ㄩˊ（音同於），是門邊的小窟窿。
穿窬：即偷竊財物的人。

所以說：七殺在身宮終究是容易夭亡的。貪狼在身宮入廟位的女子，會做娼妓。倘若身宮和命宮與破軍同宮，或破軍在身宮、命宮的三合宮位中，又在旺地的話，此命格的男子是好淫色、賭博、喜遊蕩不務正業的人。此命格的女子是行為放蕩，與人相好私奔、私通。情況輕的是與人私奔、同居。

情況嚴重的，會做歌妓之流。此命格的人，喜歡命格中有空亡、天空等星，反而會端正行為，為正人君子。貪狼與武曲同宮或相照的人，是為人諂媚、邪佞、奸惡、貪心的人。常常存有利已損人的心態，並沒有幫助別人的意思。貪狼與廉貞同宮坐命時，一定會有犯法遭受刑法處置的情形。有七殺同宮必做屠宰業（此不正確，應該是有陀羅、貪狼同宮坐命者或是七殺在身宮者，會做屠宰業。）有羊、陀與貪狼同宮，會好色，主風流至死。有文昌、文曲和貪狼同宮或相照之人，一定是虛偽多，而不實在的人。貪狼與七殺、太陽、太陰同位次的命格，無論男女皆是邪淫不實在的人。有巨門來交相戰鬥，是常有是非口舌之事的。

※按貪狼只會在三合宮位和七殺相遇，不會同宮或相照，因此無法講同纏，位次不同，太陰會在貪狼的兄弟宮中，亦不會同纏。

巨門只會在貪狼坐命的父母宮出現，為臨宮，也不會和貪狼星交戰，此有誤。可稱三台。

倘若貪狼和紫微同宮，為犯帝座，稱為『桃花犯主』格局，此命格的人，若無吉星制化，便是沒有用之人。若有左輔、右弼、文昌、文曲來相夾、制化就會有成就，就不會成為上述所言的無用之人了。

【原文】

陷地逢生又生祥瑞，雖家顛沛也發一時之財，惟會火鈴能富貴，美在財帛與武曲、太陰同終非所。自發則為淫佚，在兄弟子息俱為陷地。在田宅則破蕩祖業，先富後貧。奴僕居於廟旺，必因奴僕所破。夫妻宮男女俱不得美。疾厄與羊、陀暗殺交併酒色之病。遷移若坐火鄉，破軍暗殺併流年、歲殺疊併則主遭兵火賊盜相侵，總而言之男女非得地之星不見尤妙。

希夷先生曰：貪狼為北斗解厄之神，陟明之星，其氣屬木，體屬水，故化氣為桃花，乃主禍福之神。

在數則樂，為放蕩之事。遇吉則主富貴，遇凶則主虛浮。主人矮小、性剛猛威、機深謀遠、隨波逐浪愛憎難定。

居廟旺遇火星武職權貴，戊己生人合局遇軍相延壽，會廉武巧藝，得祿存僧道宜之，破、殺相沖飄蓬度日，女人生刑剋不潔，遇太陰則主淫佚。

【解析】

貪狼居陷地時，是廉貪在巳、亥宮俱陷落的位置。廉貪的運氣極差，若要逢生成吉，可生祥瑞之氣，一定要有火星、鈴星形成『火貪格』、『鈴貪格』才可以得救。但是一生也是顛沛流離，發一下子的財而已，很快就會敗光了。廉貪加火鈴在財帛宮是美好的，會暴發財運的，但是和武曲或太陰比較起來，這種『廉火貪』、『廉鈴貪』的暴發運是極小最低層次的暴發運了。所能給人帶來的錢財，是比不上武曲星或太陰星這些財星的。倘若命宮中本命是『廉火貪』或『廉鈴貪』，則是荒淫佚亂的命格。

貪狼在兄弟宮、子女宮都算是居於陷宮，會與兄弟、子女不和睦。貪狼在田宅宮，與祖產緣份淡薄，會得不到祖產，或是家道敗盡，而祖業消失。此人而且先是富有之人，而後貧窮。貪狼在僕役宮，而且是居廟旺之位，也一定會被朋友、部屬、家僕所破耗殆盡。貪狼在夫妻宮是無論男女婚姻皆不美滿的。貪狼在疾厄宮中，有羊、陀同宮，或再有其他的殺星（煞星）同宮，會有酒色之疾（花柳病）。倘若廉貪在遷移宮，又居於巳宮（火宮）三方有破軍及其他的煞星，再逢流年中有當年的殺星重複逢合（三重逢合，也就是大運、流年、流月三種煞星逢到）則會因戰亂或盜賊殺害。總而言之，無論男人或女人，貪狼不在得地以上的旺位，是不佳的，不要有此命格較好。

陳希夷先生說：貪狼為北斗星曜中之解除災厄的神祉。是增升光明的星曜，其五行之氣屬木，其本體屬水，是故化氣為桃花，是主災禍與祥福變化的元神。

貪狼在命數上，主樂事（指音樂、吟唱、舞蹈、歡樂的活動）。亦為放蕩玩樂之事。貪狼遇到吉星同宮，或相照，會有富貴，因為貪狼也是好運星。貪狼遇到凶星同宮，（例如遇羊陀居陷位）則命格為做人虛假、輕浮。並且其人是個子矮小，性情剛烈凶猛、威武的，更有心機會深謀遠慮很陰險，也會隨波逐流，見人說人話、見鬼說鬼話，心中的好惡情緒起伏不定。

貪狼居廟旺之位和火星同宮或相照的人，就是具有『火貪格』的人，是從武職能掌權主貴的。戊己年生的人在三合宮位中遇到破軍、天相可延壽。

※按戊年生的人，有貪狼化祿。己年生的人有貪狼化權，再遇火星有極強的暴發運格，富貴都是極高的。貪狼居廟時是在辰、戌宮，三合宮位中的破軍也居廟位，是其財帛宮。而天相是

廉相同宮，在貪狼坐命辰、戌宮者的福德宮，並未和命宮的貪狼三合相照。

貪狼在子、午宮是居旺位的，三合宮位中的破軍居得地之位，也恰好在合格的旺位了。福德宮是武曲、天相（武相），故天相也不在貪狼坐命者的三合宮位中。

貪狼坐命有武曲照會、或廉貞相照會的人，具有特殊技能。

※按貪狼有武曲照會時，貪狼居辰、戌宮，武曲、貪狼皆居廟位。武貪同宮是在丑、未宮，貪狼和武曲也在廟位。

貪狼有廉貞照會時，是在寅、申宮，此時貪狼居平，而廉貞居廟位，有廉貞在遷移宮，代表外在的環境是陰險、狡詐、多計謀的環境，因此貪狼坐命寅、申宮的人，勢必要具有特殊生活技能才能生存。

貪狼坐命有武曲相照的人，武曲在遷移宮中，外在環境中多財、富有，但他也必須要有取財的才能，才可享受到財祿，故此種人也會有其特殊的技藝來取財。

貪狼有祿存同宮坐命的人，適宜做尼姑、和尚、道士。（因為貪狼有祿存同宮，必有羊、陀相夾，主孤單、孤寡。而且貪狼與祿存同坐命宮者必是坐命子、午宮的人。坐命午宮的人，是丁年、己年生的人，會與兄弟姐妹，父母緣淺，少年不順，孤單。命坐子宮的人，又生於癸年，是有『羊陀夾忌』的惡格，三重逢合有性命之憂，故以僧道入空門躲禍為吉。）有破軍、七殺三合相沖，會有飄泊不安定的生活。女人有此命則是有刑剋，無法潔身自愛的，遇到太陰星主淫佚亂。（貪狼坐命時，太陰是在其兄弟宮中，是臨宮，不會在三合、四方、對宮中出現，也不會在身宮中出現，故此句『遇太陰主荒佚』是待考的。只可能在限運中遇到。

【原文】

問巨門所主若何？答曰：巨門屬水金，北斗第二星也。為陰精之星，化氣為暗。在身命，一生招口舌之非。

在兄弟則骨肉參商。在夫妻主於隔角生離死別，縱夫妻有對不免污名失節。在子息損後方招，雖有而無。在財帛有爭競之意。在疾厄遇刑忌眼目之災，殺臨主殘疾。在遷移則招是非；在奴僕則多怨逆。在官祿主招刑杖。在田宅則破蕩祖業。在福德其禍稍輕，在父母則遭棄擲。

希夷先生曰：巨門在天司品萬物，在數則掌執是非。主於暗昧疑是多非，欺瞞天地進退兩難。其性則面是背非，六親寡合，交人初善終惡。

十二宮中若無廟樂照臨，到處為災奔波勞碌。至亥、子、丑、寅、巳、申雖富貴亦不耐久。會太陽則吉凶相半。逢七殺則主殺傷。貪、耗同行因好徒配，遇帝座則制其強，逢祿存則解其厄。值羊陀男盜女娼。對宮遇火鈴、白虎，無帝壓祿存，決配千里。三合殺湊必遭火厄，此乃孤獨之數、刻剝之神、除為僧道九流方免勞神偃蹇，限逢凶曜災難不輕。

【解析】

問：巨門星所代表的意義是什麼？

答：巨門五行屬水帶金，是北斗星曜中第二顆星，也是具有陰氣精華的一顆星，化氣為暗，故也稱『暗曜』，是陰暗之星的意思。巨門星在人的身宮或命宮之中，這個人一生都會招來是非口舌的麻煩。

巨門星在兄弟宮中，則兄弟間爭鬥多，不和。巨門在夫妻宮，有『隔角煞』，有刑剋，會發生離婚或夫妻中有一人早亡的情形。縱然是夫妻還能成雙成對不離婚，也會出現有失名譽的事情。（夫妻間會有外遇問題。）巨門星在子女宮中時，會有懷孕困難（有不孕症或難懷孕）或是頭子不好養、養不活，或是隔了多年以後才能生下子女、養活子女。子女雖然是生下來了，但可能帶有疾病，或子女不好教養，與子女的關係很差，好像是有子女，但也和沒有子女一般。（實際上是與子女緣淺，多是非口舌，或是會生養到子女有怪病，不好養的情形。）

巨門星在財帛宮時，賺錢十分辛苦，必須競爭激烈才賺得到錢。（巨門在財帛宮的人，必須賺口才之錢財，做教師也會有同事輩的、做老師的人和你競爭。做業務、仲介的人，更是職務、業務上競爭得厲害。）巨門星在疾厄宮時，遇到刑星（羊、陀）和化忌星，有眼睛上的疾病或眼目受傷。（疾厄宮中有巨門星和羊、陀同宮，再有巨門化忌，或是陽巨同宮有太陽化忌，或是機巨同宮有天機化忌，或是同巨同宮有巨門化忌，只要再有羊、陀同宮，就都會有眼目之疾或災。）

巨門在疾厄宮，再有其他的煞星的火、鈴、劫空同宮主有傷殘的可能。巨門在遷移宮，主其人在外面的環境中易招惹是非、麻煩的情況。巨門在僕役宮，則會有怨對、叛逆的朋友和屬下、僕人。

巨門在宮祿宮中，主工作上是非多，易遭處罰。巨門在田宅宮，會破敗祖產後再自置，白手起家，以後會積存更多的房地產。巨門在福德宮災禍是稍為輕一點的，但是其人本性也多是非，容易與人挑起爭端。巨門星在父母宮居陷時，容易遭父母遺棄。

陳希夷先生說：巨門在天上是管理萬事萬物的。在命數則掌管是非爭執的問題。表示它是在暗地裡，或不清不楚的狀況下，又多疑，又製造是非的。巨門星坐命的人，善於欺騙隱瞞，又猶豫不決，前後進退拿不定主意。其性格就是當面是好的，答應的，轉過身去，背對人就不承認了。與六親（父母、夫妻、兄弟、子女、朋友、同事）都是不容易和睦的。和朋友相交時，是剛開始很友善，很親密，不多久便有利益衝突而失和、交惡了。

巨門星在十二個宮位中倘若不是在廟位、旺位，或是對宮相照的星不在廟位、旺位的話，則是災禍多的，而且是勞破奔波的辛苦命了。巨門在亥宮（對宮有太陽居旺相照），子宮（對宮有天機居廟相照）、丑宮（同巨同宮，雙星居陷，對宮是空宮）、寅宮（陽巨同宮，太陽居旺，巨門居廟，對宮是空宮）、巳宮（對宮相照的太陽居陷位）、申宮（陽巨同宮，太陽在得地之位，巨門居廟，對宮是空宮）。巨門是在上述幾個宮位，都是雖然有富貴，但是不長久的。巨門與太陽同宮或相會，是吉凶各一半的狀況。巨門逢七殺照會，會有被殺傷的可能。（巨門在四方宮位中會有七殺來相照。）

巨門有貪狼在兄弟宮，破軍在疾厄宮，『兄、疾、田』一組三合宮位，有『殺、破、狼』格局，會有喜邪行，遭到刑罰之事。有紫微帝座在四方宮位中則可以壓制此不吉。命宮中有祿存，則主孤獨，也可解其災厄，不會犯事。若命宮中有擎羊、陀羅同宮，則是男為盜匪，女為娼妓的人。巨門坐命，對宮（遷移宮）中有火星、鈴星、白虎星來相照的，若無紫微星在四方宮位來壓制，或者是有化祿、祿存（祿星）在三合四方宮位中存在的，一定會做惡事被判刑，流放邊遠地方。巨門坐命，三合宮位中有煞星，如巨、火、羊相遇，會遭到火災的傷災。

巨門星是主孤獨的命數，有刑剋損害的精神，除了做僧人、道士、低下的小老姓之外，才可免於勞碌傷神和運氣不好。限運逢到巨門加凶星，有較大的災難。

【原文】

問天相星所主若何？答曰：天相屬水，南斗第五星也。為司爵之宿，為福善化氣曰印，是為官祿文星，佐帝之位。

若人命逢之，言語誠實事不虛為，見人難，有惻隱之心。見人抱惡不平之氣。官祿得之則顯榮，帝座合之則爭權，雖佐日、月之光，兼化廉貞之惡，身命得之而榮耀，子息得之而嗣續昌。

十二宮中皆為祥福，不隨惡而變志，不因殺而改移。限步逢之富不可量。此星若臨生旺之鄉，雖不逢帝座，若得左右，則職掌威權，或居閑弱之地也作吉利。二限逢之主富貴。

希夷先生曰：天相南斗司爵之星，化氣為印。主人衣食豐足，昌、曲、左、右相會位至公卿。陷地貪、廉、武、破、羊、陀殺湊，巧藝安身。火、鈴沖破殘疾。女人主聰明端莊，志過丈夫，三方吉拱封猶論。若昌、曲沖破侍妾，在僧道主清高。

歌曰(六)

天相原屬水，化印主官祿。身、命二宮逢，定主多財福，形體又肥滿，語言不輕瀆，出仕主飛騰，居家主財穀，二限若逢之，百事看充足。

【解析】

問：天相星所代表的意義是什麼?

答：天相五行屬水，是南斗星曜中第五顆星。是司爵(官位)之星宿，也是有福氣、善良的星曜，化氣稱『印』(代表權印、官位)，這是主官位、財祿的主文之星，會有輔佐帝王的地位。(為宰相之位)

倘若人的命宮中有天相星，是說話誠實、做事端正不虛偽的人。看見別人有困難，就有惻隱之心，會幫助他。看見別人做惡事，就會打抱不平，出面干涉。官祿宮有天相星居廟旺，工作上可位高顯達。紫微帝座和天相同宮坐命，其人則會爭權位。雖然天相可以輔佐太陽和太陰使之增光輝，又可制化廉貞的惡性。身宮、命宮有天相星居旺位的，是可以有顯達的地位，和光榮的名聲的。子女宮有天相星居旺時，會有許多優良的子女和孫輩。

天相在十二個宮位中都是主吉祥、喜福的，不會跟隨著惡星而變壞。也不會因為有殺星同宮而改變。限運中逢到天相星是具有富足運的。天相若在居旺的宮位中，雖然不和紫微帝座同宮，但是有左輔、右弼來同宮或相照，也會在職位上掌巨大的權力。倘若天相居於閒宮或陷弱之宮位中，也還算是吉利的。（因為天相是福星的關係，大、小限逢到天相運，表示是可以有財富和顯貴之運氣的。）

陳希夷先生說：天相是南斗星曜中司爵祿的星，化氣為『印』。代表其人會有穿衣、糧食上的豐滿充足（代表生活富裕）。有文昌、文曲、左輔、右弼和天相同宮，或在對宮，或在三合四方處來會照，則會主貴，地位至公務員的最高一級。倘若天相居陷位，有貪狼、廉貞、武曲、破軍、擎羊、陀羅等煞星來湊合相照，其人會有特殊技能在身可養命生活。若有火星、鈴星和天相同宮或相照的命格，是被火、鈴沖破的命格，表示其人會有殘疾之身。

女人為天相坐命多是聰明、端正、莊嚴的人。其志向遠大、超過男人。天相坐命的女子，在命格中的三合宮位裡有多個吉星來拱照的話，會受到政府的表揚，給與名利上的獎賞。倘若文昌、文曲和天相同宮在丑、未宮，這是昌曲沖破天相，有此命格的女人，會做侍女、小妾（楊貴妃即為此命）。天相、文昌、文曲同宮的命格做佛家僧人或道士，則主其人清高。

歌曰（六）

天相五行屬水，化印，主事業、權位。身宮、命宮這二宮逢到，一定主多財有福。其人外表形貌、身體是肥胖圓滿的，說話不輕浮，也不會隨便冒犯別人。出去做官會飛黃騰達。在人生活之中，天相代表有財富，家中多米糧吃都吃不完。大、小限逢到天相運，在人生活中的所有事都是完美無缺的。

【原文】

問天梁星所主若何？答曰：天梁屬土，南斗第二星也。司壽化氣為蔭為福壽。乃父母之主，宰殺之權。

於人命則性情磊落，於相貌則厚重溫謙，循直無私、臨事果決。

蔭於身、命福及子孫。遇昌曲於財宮，逢太陽於福德，三合乃萬全聲名，顯於王室職位臨於風憲。

若逢耗曜，更逢天機及殺，宜僧道，亦受王家制誥。逢貪狼同度面亂禮、亂家。居奴僕、疾厄、相貌作豐，除之論。

見廉貞刑忌，必無災厄克激之虞。遇火鈴刑暗，亦無征戰之撓。太歲沖面為福，白虎臨而無殃。論而至此數決窮通之論也。命或對宮有天梁，主有壽，乃極吉之星。

【解析】

問：天梁星代表的意義是什麼？

答：天梁星五行屬土，是南斗星曜中第二顆星。管理人之壽命，化氣為庇蔭，為吉祥福氣和長壽。也是代表父母親，並且掌有生殺大權的星座。

天梁在人的命宮，則是一個性格乾脆、不拖泥帶水，很大方的人。天梁坐命者的外形相貌是敦厚、穩重、溫和、謙虛，循規蹈矩，沒有自私心態，做事果敢、堅決。有陰福在其身上，本命有福，更能庇蔭其子孫。天梁和文昌、文曲同宮於財帛宮，或是天梁和太陽在福德宮，或是在三合宮位中有上述這些星，即是『陽梁昌祿』格，有極大的聲名顯於世。也會在政府機關中有貴顯的職位，有高風亮節。

天梁若逢到不好的星，再有天機星和殺星（煞星）相照或同宮，（此指天梁居旺單星坐命或機梁坐命遇刑煞之星），適合做僧人、道士，也會有政府頒發的獎勵或獎牌。天梁星逢到貪狼居平陷在四方宮位中相照，會亂了禮數，或家庭生活紊亂不佳（家庭不和諧）。天梁星在僕役宮、疾厄宮、福德宮，都算是還不錯的，此外就不能講了。

天梁星遇到廉貞、刑星（指羊陀）、化忌星，不會有激烈的災禍、病厄來突發產生凶暴。（因為天梁是復建之星，又有蔭福。）天梁遇到火星、鈴星、刑星、暗星（巨門），也不會有爭鬥、刑剋的困擾。有太歲（流年煞星）來沖剋，會有福蔭相助，有白虎在流年運中，也不會有災殃，說天梁星到此處已是完整的理論了。

命宮或對宮（遷移宮）中有天梁星的人，是有長壽之命的人。天梁是非常吉利的星曜。

【原文】

希夷先生曰：天梁南斗司壽之星，化氣為蔭為壽，佐上帝威權。為父母宮主，主人清秀溫和、形神穩重、性情磊落、善識兵法。得昌、曲、左、右加會位至台省。在父母宮則厚重威嚴。會太陽於福德極品之貴，戊己生人合局。

若四殺沖破則苗而不秀，逢天機耗曜僧道清閑。與貪、巨同度則敗倫亂俗。在奴僕、疾厄亦非豐除之論。

廉貞刑忌見之，必無克敵之虞。火鈴刑暗遇之，亦無征戰之撓，太歲沖而為福，白虎會而無災。奏書會則有意外之榮，青龍動則有文書之喜。小耗，大耗交遇，所幹無成，病符官符相侵不為災論。

女人吉星入廟，旺夫益子，昌曲左右扶持，榮華。羊陀、火忌沖破刑剋，招非不潔，僧道宜之。

歌曰(七)

天梁原屬土，南斗最吉星，化蔭名延壽，父母宮主星。田宅、兄弟內，得之福自生。形神自持重，心性更和平。生來無災患，文章有聲名。六親更和睦，仕宦居王庭。巨門若相會，勞碌歷艱辛。若逢天機照，僧道享山林。二星在辰戌，福壽不須論。

【解析】

陳希夷先生說：天梁星是南斗星曜中管壽元的星，化氣為蔭福、為壽元。是輔佐上天帝王之權勢的星。同時也是代表父母的星，天梁坐命者，外表溫和、長相清秀，形態和氣勢穩重、個性乾脆、爽朗、精通作戰的技巧。

天梁和文昌、文曲、左輔、右弼同宮或在對宮、三合、四方照會，地位高，成就大，可做大官，有高階之位。天梁在父母宮，會有敦厚、穩重、有威嚴的父母。天梁坐命有太陽在福德宮的人，其人會有極高的貴顯之位。（此指同梁坐命寅、申的人，會有太陽在福德宮中），戊年生的人，會在財帛宮中有太陰化權，但官祿宮中有天機化忌。己年生的人有天梁化科在命宮，也會有祿存在官祿宮或夫妻宮中，以同梁在寅宮為較佳命格，會主貴。因此戊年生的人、己年生的人合此格。

倘若天梁坐命，有羊、陀、火、鈴四殺來沖破，是普通、不夠秀麗的命格，成就也不好。天梁遇到天機居平同宮時，是僧人、道士的清閒之輩，沒有成就。有貪狼、巨門在四方三合的宮位中則會有傷風敗俗、敗壞人倫的惡事，天梁在僕役宮、疾厄宮也是不算好的，因為在弱宮，此外就不能講了。

天梁星是蔭星有陰庇，在四方宮位遇到廉貞、刑星、化忌等星是不必與之相對抗的。有火星、鈴星、刑星私下碰到（同宮或在三合四方之處遇到），也沒有爭鬥相刑剋的困擾。天梁星是蔭星，能遇災呈祥而復建。故太歲（當歲之流年煞星）逢到來沖剋，也會有蔭福，流年中遇白虎星也會沒有災厄。流年中有奏書同宮，會有意外可喜、有吉祥之事。流年中逢有青龍同宮，會有文字上、或因著書成名之喜事。流年中，有大耗、小耗和天梁同宮時，因小有耗弱，做事會做不成功，無所獲。有病符，官符在流年中和天梁同宮，也是不以有災禍來論斷的。

女人的命宮有天梁和其他的吉星同在廟位時，此人能使夫婿的運氣吉祥旺盛，也能有利於子女。再有文昌、文曲、左輔、右弼同宮、對照、相夾，或三合照守的情況為扶持，是會有榮耀、富貴的。天梁坐命的女子，命格中有擎羊、陀羅、火星、忌星來沖破，主有刑剋，是多招是非和行為不檢點的人，適合做尼姑、道士之流。

歌曰(七)

天梁五行原是屬土，是南斗星中最吉利的星。化氣為蔭福，名字又叫延壽，也是代表父母的星座。天梁在田宅宮、兄弟宮內，會有福氣自然形成。其人的外表神態是自己能剋制很穩重，心性、理性都是很溫和、平靜的。天梁居旺坐命的人，自出生以來就無災厄，並且有『陽梁昌祿』格的人，會在事業上，寫文章、考試上具有好成就和好名譽。

天梁居旺坐命者，和家人、朋友是很和睦的，在政府機關做事做官，都可做到高官，有顯貴。倘若身宮有巨門星，則會勞碌、艱苦一輩子。倘若有天機星來相照（天梁在丑、未宮坐命，會有天機居陷在對宮相照，此人就是在山野中的廟宇內做僧人、道士的人，是十分幽閒的人。天機和天梁在辰、戌宮同宮時，福氣與長壽都是不必講就很高的了。）

【原文】

問七殺星所主若何？答曰：七殺南斗第六星也，屬火金，乃斗中之上將，實成敗之孤辰。

在斗司斗柄，主於風憲，其威作金之靈，其性若清涼之狀。主於數則宜僧道。主於身定歷艱辛，在命宮若限不扶夭折。

在官祿得地，化禍為祥。在子息而子息孤單，居夫婦而鴛衾半冷。會刑囚於田宅、父母，刑傷父母產業難留。

逢刑、忌、殺於遷移、疾厄，終身殘疾。縱非一身孤獨也應壽年不長。與囚於身命，折股傷股，又主癆傷。會囚耗於遷移死于道路，若臨陷弱之宮為殘較減滅。若值正陰之宮作禍憂深。

流年殺曜莫教逢，身殺星辰休迭併。身殺逢惡曜於要地，命逢殺曜於三方、流殺又迭併、二限之中又逢，主陣亡掠死。

合太陽、巨門會帝旺之鄉，則吉處空亡。處空亡犯刑殺，遭禍不輕。大小二限合身命殺，雖帝制也無功，三合對沖雖祿亦無力。

蓋世英雄為殺制，此時一夢到南柯。此乃倒限之地，所主務要仔細推詳，乃數中之惡曜，實非善星也。

【解析】

問：七殺所代表的意義是什麼？

答：七殺是南斗星曜中第六顆星。五行屬於帶火之金。為斗數中之上將軍，實際上它是主事情會成功或失敗的唯一星曜。亦屬孤獨的星曜。

在斗星中，掌斗柄，代表一個人的態度、教化和典範。其威猛的部份是做為像金一般強硬的內含。其性格是清正、寒涼（很酷）的樣子。在此命數中適合做僧人、道士來出家。

七殺在身宮時，其人一生必經歷很多艱困之事。倘若運限不好，即會夭折死亡。

七殺在官祿宮為好的宮位，適得其所，反而可有成就，化禍事為吉祥之事。七殺在子女宮，主孤，子息少，可能只有一人。七殺在夫妻宮，是夫妻不和睦，聚少離多可相安無事，因此夫妻無法長時間相處。七殺星和刑星（

羊、陀）、囚星廉貞（廉殺同宮）在田宅宮、父母宮，都是會刑剋父母，父母有早逝的情形，家產很難留得住。

七殺坐命在遷移宮、疾厄宮中有刑星、忌星（化忌）、殺星時，主其人為終身有殘疾之人。縱使不是一生孤獨，也應該是壽命不長的人。七殺與廉貞同宮在命宮、身宮的人，身體下肢的上部，接近屁股的部份容易有骨折現象，或有大腿骨受傷血光的問題。並且其人有肺結核病（其實內臟中有結核病，皆稱為癆病，以肺結核為常見）。

七殺和廉貞在遷移宮中逢羊陀加會，是『廉殺羊』、『廉殺陀』的格局，會死於外出道路之上（今人引伸為車禍死亡）。廉殺若在朋友宮、兄弟宮等弱宮，對其人為害的程度會減輕。

七殺若在正陰之宮（指卯、酉宮）是為禍害較嚴重的。流年中最好不要逢到七殺運，本身是七殺坐命，又逢大運、流年、流月七殺三重逢合，為迭併。是有性命交關的危險的。身宮有七殺，再有惡星如羊陀火鈴在『命、財、官』之中。或是命宮有煞星在三合宮位之中，流年殺星又三重逢合，大、小限中又逢到，主其人會上戰場殺敵陣亡，或是遭歹人掠奪而殺死。

七殺和紫微同宮或相照時，紫微居旺，四方合照的有太陽、巨門，皆在旺位，是在吉利的時候也會有成空、不吉的事情。在此有空亡之時，再有刑星、煞星來沖會，也會遭到極大的災禍。在大、小限與身宮、命宮中有七殺星，雖然有紫微帝座同宮或相照來剋制，也是沒有辦法的。即使三合宮位和對宮有祿星（祿存、化祿），也是同樣無能為力。

※按在『紫微在寅』、『紫微在申』兩個命盤格式中，七殺坐命，一個是『七殺朝斗』格，一個是『七殺仰斗格』，都是貴格。對宮有紫府同宮相照，紫微星是居廟旺之位的。四方宮位中有太陽、巨門，分別在兩翼，巨門居旺，而太陽在『紫微在申』命盤格式中居旺，在『紫微在寅』命盤格式中居陷。

七殺在『紫微在巳』、『紫微在亥』兩個命盤格式中，是與紫微同宮，紫微居旺、七殺居平。四方宮位中有太陽、巨門同宮，陽巨皆在旺位。這在命格上也是吉處藏凶的。

上述兩種狀況，再逢煞星（羊、陀、火、鈴、劫空、化忌）來犯，皆有刑剋災禍的問題，就是紫微星也救不了，祿星也幫不了忙，因為七殺本身是殺星的原故使然。

因本命為殺星，縱然有再吉再有強或貴福的星來與七殺配合，都是會受到七殺星的剋制，所以也無法夢想有好運了。七殺運是運氣倒置的地方，走到此運，一定要仔細的算好禍福的關鍵時間以避禍。七殺是命數中的惡星，實在不是吉星。

【原文】

希夷先生曰：七殺斗中上將，遇紫微則化權降福，遇火、鈴則為殺，長其威。遇凶曜於生鄉，定為屠宰。會昌、曲於要地情性頑囂。秘經云：七殺居陷地，沈吟福不生是也。二主逢之定歷艱辛，二限逢之遭殃破敗，遇帝祿而可解。遭流殺而愈凶，守身命作事進退，喜怒不常。左、右、昌、曲入廟拱照掌生殺之權，富貴出眾。

若四殺忌星沖破，巧藝平常之人，陷地殘疾。女命旺地，財權服眾，志過丈夫。四殺沖破刑剋不潔，僧道宜之，若殺湊飄蕩流移還俗。

歌曰(八)

七殺寅、申、子、午宮，四夷拱手服英雄。魁，鉞、左、右、文昌會，權祿名高食萬鍾。殺居陷地不堪言，凶禍猶如抱虎眠。若是殺強無制伏，少年惡死到黃泉。

【解析】

陳希夷先生說：七殺是斗數中的上將之星，遇到紫微同宮則化威猛為權勢，而造福人命。遇到同宮有火星、鈴星，則展現原來的凶猛特性，成為煞星了，並且會助紂為虐。七殺和凶星陀羅在申宮，七殺屬金，以屬金的宮位為生鄉，居旺位，會做屠宰業。七殺和文昌、文曲同宮於『命、財、官』是性情頑固、囂張的人。

祕經上說：七殺居陷位時，是要低嘆、沒有福氣的呀！（七殺在巳、亥宮居平位是已經算是陷位最低的層次了，此時和紫微同宮，由紫微星來化煞為權。七殺在其他的宮位是在廟旺之位。）

二主指的是身主和命主。身主和命主之中逢到七殺，一定是一生歷盡千辛萬苦的。大，小限逢到七殺運，會有災禍和破財、敗財之事。有紫微同宮，或祿星同宮可解制化。（此與前言者有差別）遇到流年殺星會更凶惡。七殺在身宮、命宮中，其人會做事反反覆覆，喜怒無常。有左輔、右弼、文昌、文曲居廟位來三合或對宮來相照的人，會有生殺大權的權勢，也會有超出常人的財富與貴顯。

倘若七殺星在對宮、同宮，三合、四方有四殺（羊、陀、火、鈴）和化忌星來沖破照會。其人則是具有生活才能的平常人了。七殺坐命再有煞星沖破，會身體有殘傷、病厄。女命七殺居旺的人，會有掌權、掌財政，能管理眾人。並有大志向，勝過男子。有羊陀、火鈴同宮或照會沖破的女子，是具有刑剋和不端正行為的人。此種命格出家做僧人、道士是不錯的。但是有多個煞星在命格中，做出家人仍是會不安定，東飄西蕩的奔波，最後會還俗嫁人。

歌曰(八)

七殺在寅宮、申宮、子宮、午宮皆是居廟旺之位的。命格強勢威武，能降服四夷，做大將軍成大業。命格中有天魁、天鉞、左輔、右弼、文昌等星照會或同宮，有權勢、財祿、名氣響亮，具有高位。

七殺居於陷宮如疾厄等宮，或是旺度居平陷位，是不好的。災禍尤如抱虎睡覺一般，非常危險。倘若是有煞星很強勢（其實是煞星居陷位或多個煞星聚集），無法壓制，其人在少年時代就會喪命了。

【原文】

問破軍所主若何？答曰：破軍屬水，北斗第七星也。司夫妻、子息、奴僕之神，居子、午入廟。

在天為殺氣。在數為耗星，故化氣曰耗。主人暴凶狡詐，其性奸猾與人寡合，動輒損人。不成人之善，善助人之惡，虐視六親如寇仇，處骨肉無仁義。惟六癸、六甲生人合格，主富貴。

陷地加殺沖破，巧藝殘疾不守祖業，僧道宜之。女人沖破淫蕩無恥。此星居紫微則失威權，逢天府則作奸偽，會天機則鼠竊狗盜，與廉貞、火、鈴同度則決起官非，與巨門同度則口舌爭鬥，與刑忌同度則終身殘疾，與武曲入財則東傾西敗，與文星守命一生貧士，遇諸凶結黨破敗，遇陷地其禍不輕。惟天梁可制其惡，天祿可解其狂，若逢流殺交併，家業蕩空。與文曲入于水域，殘疾離鄉。

遇文昌於震宮，遇吉可貴，若女命逢之，無媒自嫁喪節飄流。凡坐人身、命，居子、午，貪狼、七殺相拱則威震華夷，或與武曲同居巳宮貪廉拱亦居台閣。但看惡星何如，庚癸生人入格，到老亦不全美也。

在身、命陷地，棄祖離宗。在兄弟骨肉參商，在夫妻不正，主婚姻進退。在子息先損後成。在財帛如湯澆雪，在疾厄致尪羸之疾。在遷移奔走無力。在奴僕謗怨逃走。在官祿主清貧，在田宅陷度祖基破蕩。在福德多災，在父母破相刑剋。

【解析】

問：破軍所代表的意義是什麼？

答：破軍五行屬水，是北斗星曜中第七顆星。專管夫妻、子女、奴婢、僕人、屬下的神祉。破軍在子、午宮為居廟旺之位。

破軍在天數中為帶殺之氣。在人命數是為破耗之星。因此稱其化氣為『耗』。破軍坐命的人，會有凶惡、暴躁、狡黠、陰詐的習性。性格上奸詐又滑頭，與別人不和睦，動不動就損人。不喜歡幫助別人做善事，卻喜歡幫助別人做惡事。對待家人如對待敵人或匪寇，對待子女也是不講仁義、道德的。只有癸年生的人和甲年生的人，命格好，可有格局，一生會有富有貴。（癸年生的人，有破軍化祿在命宮，甲年生的人有破軍化權在命宮，都是強勢的格局。）

破軍居陷再加煞星為沖破（指廉破坐命或武破坐命的人），其人會有技藝在身，可生活，也可能會身體有殘廢、疾病。這種命格都是無法在家中待得住，要出外離鄉打拚，適合做出家人。女人有此命格，再有煞星沖破，是淫蕩、無恥的命格。

破軍星和紫微同宮，反而失去權威能力，因為紫微星天生有威權（此言紫破坐命的人，在性格上沒有威儀，也無法在工作上掌威權）破軍逢天府星，會做奸佞偽假之人。（天府永遠只在破軍星的福德宮，不會和破軍同宮或相照，也不會在三合、四方宮位出現。）

破軍坐命寅、申宮，四方宮位中有天機居平位來相會照的命格，容易做鼠輩偷盜之人。破軍與廉貞、火星、鈴星同宮，或是廉破坐命有火、鈴相照的人，會有官非遭刑罰之事。破軍與巨門同度會有口舌上的爭執鬥爭。（同度是同一角度的意思：在同一個宮位或對宮呈一百八十度的角度上都稱同度。破軍和巨門無法同度。巨門只會在破軍坐命的僕役宮（第八宮）出現，因此無法同度，因為它不在遷移宮出現，故此句有誤。）

破軍與刑星（羊陀）、化忌星同宮或相照，則會身體有殘廢、疾厄的問題。破軍與武曲同宮在財帛宮，則錢財會耗敗。

破軍與文昌或文曲同宮坐命，會一生貧窮，破軍遇到很多個凶星一起同宮或相照，都是破敗的命運。破軍居陷位時，災禍是不輕的。只有天梁會制破軍之惡性，祿存可解其狂狷之氣，倘若破軍再逢到流年殺星一起，在大運、流年、流月三重逢合，家中的錢財會蕩然無存。若再與文曲同宮在亥、子宮，是身體有傷殘並遠離家鄉的人。

※按天梁永遠在破軍後的第六宮，也就是破軍坐命的人，會有天梁在疾厄宮中，因此天梁在命格上對破軍無幫助，在流年上逢到會對破軍坐命的人有幫助。

破軍遇文昌在震宮（指卯宮），此是廉破坐命的人，再遇吉星，如祿存等，可主貴命。但是女子為廉破坐命卯宮的人，是沒有節操、行為放蕩不羈，飄零流浪之命格，也會有與人同居的情形，凡是破軍坐命在子、午宮，有貪狼、七殺三合相拱照的命格，因『殺、破、狼』都在廟位，故有威名，可震懾番邦夷族。或是破軍與武曲同宮在巳宮，有廉殺在財帛宮，紫貪在官祿宮，三方拱照，三方有吉星多時，也可主貴有高官之位。但是此命格要看羊陀二惡星會不會在『命、財、官』之中？庚年生的人、癸年生的人，就入此格。庚年生的人，會有武曲化權在武破坐命者的命宮之中，而官祿宮有擎羊和紫貪同宮。癸年生的人，有破軍化祿在命宮，但是有廉殺羊在財帛宮，這兩種武破坐命的命格都是到老都不十分完美的。

破軍在身宮或命宮居陷地，是離家或過繼給人做繼子的命。破軍在兄弟宮，是兄弟姐妹不和諧，彼此感情惡劣的。破軍在夫妻宮，常會離婚，或有多次婚姻。破軍居陷在子女宮，必先有子女養不活或無法懷孕，經過長期孕養才會有子女，但與子女的緣份仍是淺薄不和的。破軍居陷在財帛宮時，其人的財運像熱湯澆在雪上，很快的融化不見了。表示破耗多、存不住錢。破軍居陷在疾厄宮時，會有瘦弱之疾病。破軍居陷在遷移宮，是外在環境破破爛爛又窮困無財，因此奔波勞碌，也是白忙一場。破軍居陷在僕役宮，朋友及屬下都是多是非、競爭，此人易遭毀謗、怨恨，朋友、屬下、僕人會因而逃走。

破軍居陷在官祿宮，主其人一生清貧，所做的工作賺不到什麼錢。

破軍居陷在田宅宮，表示其人根本無家業，且住的房舍亦是破爛貧窮之屋舍。破軍居陷在福德宮，是多災多難的命格，一生勞碌多災，無法富裕享福。破軍居陷在父母宮，此人為破相之人，與父母有刑剋不和的情形，父母也窮困、生活不順暢。

【原文】

問文昌星所主若何？答曰：文昌主科甲、守身命，主人悠閑優雅，清秀魁梧，博聞廣記，機變異常、一舉成名，披緋衣紫福壽雙全，縱四殺沖破，不為下賤。女人加吉得地、衣祿充足。四殺沖破偏房下，僧道宜之，加權祿重厚有師號。

歌曰(九)

文昌主科甲，辰巳是旺地，利午嫌卯酉，火生人不利。眉目定分明，相貌極俊麗，喜於金生人，富貴雙全美。先難而後易。中晚有聲名，太陽蔭福集，傳臚第一名。

問文曲所主若何？答曰：文曲屬水，北斗第四星也。主科甲、文章之宿。其象屬水，與文昌同協吉數最為祥。

臨身、命中作科第之客，桃花浪煖入仕無疑。於官祿面君顏而執政，單居身、命，更逢凶曜亦作無名、舌辯之徒。與廉貞共處必作公吏，命身與太陰同行定係九流術士。

怕逢破軍恐臨水以生災，嫌遇貪狼湴政事而顛倒，逢七殺、刑、忌、囚及諸惡曜詐偽莫逃，逢巨門共其度，和而喪志。女命不宜於逢水性楊花，忌入土宮，限臨蹭蹬，若祿存化祿來纏，不可以為凶論。

【解析】

問：文昌代表的意義是什麼？

答：文昌代表科甲。在人的命宮或身宮之中，其人會有優雅清閒的態度，文質彬彬有書卷氣、儒者之風。長相是清純秀麗，身材高大英挺的，並具有廣博的知識和智慧記憶。非常有機智，能隨機應變，也能一下子功成名就，穿官衣做官，有福有壽，福德俱全。縱然有羊、陀、火、鈴四殺沖破，也不會是下賤之人。

女子為文昌坐命時，有吉星，並文昌居旺位，就會有富足的生活。倘若女子的命格中有四殺（羊、陀、火、鈴）來沖破，會做姨太太。也可做出家人，命宮中有化權、化祿的，縱使做出家人，也會有名氣，有大師的稱號。

歌曰(九)

文昌代表科甲，在辰、巳宮居旺，在午宮為利益，不喜歡在卯、酉宮，火年生的人，是不利的。文昌坐命的人，眉目清楚，眼睛清澈明亮。相貌十分俊秀美麗，文昌坐命喜歡生於庚、辛、申、酉屬金的年份，會具有財富、顯貴兩種都好的命運。文昌坐命的人做事是先遇到困難波折，而後慢慢有起色，較順利。在中、晚的時候才會有名聲。倘若命格中有太陽、天梁在三合、四方、對宮、同宮等位置，就有『陽梁昌祿』格，在政府及國家考試上會高中。

問：文曲星所代表的意義是什麼？

答：文曲五行屬水，是北斗星曜中第四顆星。是主管考試、文章的星宿。

其意象屬水，與文昌星一起，都是在命數中算是最吉祥的。

文曲在人的身宮、命宮中出現，都以此人會考試考中，是考試的常勝軍。雖然有桃花滾浪，但做官是沒問題的。文曲星在官祿宮是可以面見最高執政者。而管理政事，文曲單星在身宮、命宮，要是再有凶星同宮，也會是無名之輩，會有口舌厲害、善巧辯的功夫。倘若文曲和廉貞同宮，必是做政府的小官吏（小公務員）。在官祿宮或身宮中有文曲、太陰同宮的人，一定會做低下的算命術士。

文曲怕遇到破軍同宮或相照，有水厄的災禍。文曲也怕碰到貪狼同宮或相照，會有頭腦不清，政事顛倒之嫌。文曲逢到七殺，刑星（羊陀）、忌星（化忌），廉貞和多個惡星，其人會有奸詐欺騙、偽造之事是逃不了的。文曲逢到巨門星同宮或相照，是外表溫和，但毫無志氣的人。女子不宜有文曲坐命，否則會有水性楊花多淫亂的問題。文曲不得入土宮（例如辰、戌、丑、未），限運逢到會有拖延，或磨難。倘若文曲和祿存、化祿同宮或相照，桃花雖多，但也不可以凶惡不吉來論之。

【原文】

希夷先生曰：文曲守身命，居巳、酉、丑，官居侯伯。武、貪三合同垣、將相之格，文昌遇合亦然。

若陷宮午、戌之地，巨門、羊、陀沖破，喪命夭折，水火驚險。若亥、卯、未旺地，與天梁、天相會，主聰明博學，殺沖破只宜僧道。若女命值之清秀聰明，主貴。若陷地沖破淫而且賤。

問流年昌曲若何？答曰：命逢流年昌、曲為科名、科甲。大小二限逢之三合拱照，太陽又照流年祿。

小限、太歲逢魁、鉞、左、右、台、座、日、月、科、權、祿馬三方拱照，決然高中無疑。然非此數星俱全方為大吉，但以流年科甲為主。如命限值之，其餘吉曜若得二三拱照亦必高中。但二星在巳酉得地，不富即貴，只是不能耐久。

歌曰(十)

南北昌曲星，數中推第一，身命最為佳，諸吉恐非吉。得居人命上，桃花浪三汲，入仕更無虛，從官要輔弼。只恐惡殺臨，火鈴羊陀激，若還逢陷地，苗而不秀實。不是公吏輩，九流工數術，無破宰職權，女人多淫佚。樂居亥子宮，空亡官無益。

【解析】

陳希夷先生說：文曲在身宮、命宮時，居於巳宮、酉宮、丑宮是居廟位的，可做政府第一等的高官。有武曲、貪狼在三合宮位中相照的人，會有做將軍、宰相的命理格局。文昌、文曲同宮也是一樣的。

倘若文曲居午宮、戌宮為居陷落之地，有巨門、擎羊、陀羅來相照或同宮沖破，會有夭折而亡的命運，並且有水厄或火厄的驚險災難。倘若文曲在亥宮、卯宮、未宮為居旺位，有天梁、天相來相會，都會具有聰明和學問，因為此命格必然會形成『陽梁昌祿』格所致。倘若有煞星沖破就只適合做僧道之人了。

倘若女子命格有文曲居旺坐命，是長相清秀、天資聰敏的人，主貴顯。倘若女命為居陷地又有煞星沖破的命格，則是淫賤之人。

問：流年中有昌曲會怎麼樣呢？

答：命運逢到流年中有文昌、文曲為有考試高中之喜事，或有上進升等級，名聲上揚的吉事。在大、小限中文昌、文曲在三合宮位中拱照，太陽又逢到流年化祿。這就是本命格中有『陽梁昌祿』格，流運中再逢『陽梁昌祿』，因此肯定是有升級，和考試高中的吉事了。

在小限、流年逢到天魁、天鉞、左輔、右弼、三合、八座、太陽、太陰、化權、化祿、天馬等星在三合宮位中拱照時，一定是會考試高中的了。然而並不是要這麼多的星全都在才是大吉的，只要以流年中對科甲增吉的星為主要的星。如果命運的限運剛好是有文昌、文曲，其他的吉星再有二、三個就可以高中了。文昌、文曲在巳宮、酉宮是旺宮，有不富即貴的命運。昌曲是時系星，凡事不耐久。因此有富貴也會不耐久。

歌曰(十)

文昌星是南斗星曜，文曲是北斗星曜，故稱南北昌曲星，在命數中是最重要的。尤其在人的身宮或命宮中最好。其他的吉星恐怕還不如此二星吉。有昌曲在人的命宮時，是桃花緣份濃厚的人，也一定能做官。要做官的人就一定還要有左輔、右弼星來同宮或拱照才行。怕只怕有煞星同宮。若有羊陀、火鈴來沖破，而羊、陀、火、鈴還在居陷位的話，其人是有能力，但不夠踏實、秀氣的人，這種人不是做政府的小職員，便是做最末等的算命職業。沒有被沖破的命格會有宰相的職務、權位。女人有文曲坐命的人，是好淫喜歡玩樂的。文曲在亥宮、子宮等水宮是居旺位的，若又同時是官祿宮還有空亡、天空、地劫同宮，在事業上是對人無益處的。

【原文】

問左輔所主若何？希夷先生答曰：左輔帝極主宰之星，守身命諸宮降福。主人形貌敦厚、慷慨風流。紫、府、祿、權若得三合沖照，主文武大貴，火忌沖破雖富貴不久。僧道清閑女人溫重賢曉，旺地封贈。大忌沖破，以中局斷之。

問右弼所主若何？希夷先生答曰：右弼帝極主宰之星，守身命，文墨精通，紫、府吉星同垣，財官雙美文武雙全。羊、陀大忌沖破下局斷之。女人賢良有志，縱四殺沖破不為下賤，僧道清閑。

歌曰（十一）

左輔原屬土，右弼水為根，失君為無用，三合宜見君。若在紫微位，爵祿不須論，若在夫妻位，主人定二婚，若與廉貞併，惡賤遭鉗髡。

輔弼為上相，輔佐紫微星，喜居日月側，文人遇禹門。倘居閑位上，無爵更無名，妻宮遇此宿，決定兩妻成。若與刑囚處，遭傷作盜賊。

【解析】

問：左輔所代表的意義是什麼？

陳希夷先生答說：左輔星是紫微帝座的輔星，由紫微帝座來主宰它。左輔在人的身宮或命宮中，亦或是在其他的宮位中都是會降福給人的。左輔坐命者是外形相貌敦和厚重，有豪爽大方的氣概，也有風流雅緻的情懷。命宮若有紫微、天府、化祿、祿存、化權來三合相照，此命格的人會有文武全才而大貴顯的機會。倘若有火星、化忌來沖破，雖然有富貴，但是不耐久。左輔坐命的人做出家人很好，有清閒的生活。女子為左輔坐命的人，是溫和、穩重、賢慧，通曉知識、大義的人。左輔在旺地坐命的女子，會得到政府的獎勵和名聲。倘若主貴顯的命格中有大的煞忌之星來沖破，則命格只屬中等格局了。

問：右弼星所代表的意義是什麼？

陳希夷先生答說：右弼是紫微帝座旁的輔弼之星，仍由紫微星來主宰它。右弼在人的身宮、命宮時，其人能有文思，精通一些文化修養。若有紫微、天府在三合宮位中來相照守，則此人有文才武略，在財祿和官位上都有成就。有羊、陀兩顆大凶星來沖破命格的，是下等命格的格局。

女人是右弼坐命的人，會賢能、善良、有志氣。即使有羊、陀、火、鈴沖破命格，也不會做下賤之人。做出家人倒是可以清閒過日子。

歌曰(十一)

左輔五行原本屬土。右弼五行屬水。倘若左輔、右弼在同宮或相照的情況下，都沒有紫微星出現，便是無用的命格。在命宮三合宮位中最好有紫微星出現才好。倘若左輔、右弼和紫微同宮時，必然有高爵厚祿，是不必多說的。倘若左輔、右弼在夫妻宮，代表其人會有二次以上的婚姻。倘若左輔、右弼和廉貞同宮，會做惡事遭到毒刑。

※鉗髡：古時截去頭髮，以鐵條束頸的刑罰。

左輔、右弼為上位宰相，是輔佐紫微星的輔星，喜歡有太陽、太陰在兩旁，文人可躍龍門。（禹門為龍門之意）。倘若左輔、右弼在閒宮，是沒有官位也無名聲之人。夫妻宮有左輔或右弼，一定會娶兩個妻子（為雙妻命）。倘若左輔、右弼與刑星（羊陀）、囚星（廉貞）同宮，身體會遭傷殘，再去做盜賊。

【原文】

問天魁、天鉞星所主若何？希夷先生答曰：魁鉞斗中司科之星，入命坐貴向貴，或得左、右吉聚無不富貴。況二星又為上界和合之神，若魁臨命，鉞守身，更迭相守，更遇紫微、府、日、月、昌、曲、左、右、權、祿相湊，少年必娶美妻。

若遇大難必得貴人成就扶助，小人欺侵亦不為凶。限步巡逢必主女子添喜，生男則俊雅，入學功名有成。生女則容貌端莊，出眾超群。若四十以後逢墓庫不依此斷，有凶不以為災。居官者賢而威武，聲名遠播。僧道享福，與人和睦不為下賤。女人吉多，宰輔之妻命婦之論。若加惡殺亦為富貴，但不免私情淫佚。

歌曰(十二)

天乙貴人眾所欽，命逢金帶福彌深，飛騰名譽人爭慕，博雅皆通古與今。

魁鉞二星限中強，人人遇此廣錢糧，官吏逢之發財福，當年必定見君王。

【解析】

問：天魁、天鉞星所代表的意義是什麼？

陳希夷先生答說：天魁、天鉞是斗數中管科甲、考試的星。天魁、天鉞入命宮，是『坐貴向貴』的格局。或者有左輔、右弼等吉星聚在一起來照會，沒有不富貴的。況且天魁、天鉞又是天上和合之神祉。倘若天魁坐命、天鉞在身宮，互換相守，再有紫微、天府、太陽、太陰、文昌、文曲、左輔、右弼、化權、化祿、祿存來相照，其人在少年時代就會取嬌美的妻子了。

魁鉞坐命的人，倘若遇到大災難，一定會有貴人來救助扶持。被小人所欺負侵害，也不會太凶。在人的運限中逢到魁、鉞運，女子會有懷孕喜事，生子女為男嬰，會長相俊美文雅，長大後讀書很成功，事業也很成功。若是生女嬰，會長相端莊秀麗，有超出一般人的才能。

倘若人在四十歲以後逢墓庫運中有魁鉞，就不能照這樣斷定了。但是有凶星與魁鉞同在流年中是不會有災害的。有魁鉞在官祿宮的人，是賢能而有威嚴、孔武有力的人，會聲名遠揚。倘若有魁鉞在命宮的人，就算是做出家人，也是會多享清閒福氣，與人和睦相處，不會是粗俗下賤的人。女人命中有魁鉞，再有多顆吉星相照，這是做宰相之妻，或是大官的太太的命格。倘若魁鉞在命宮的女子，加有煞星沖剋，也是會有富貴，可是是會有荒淫佚亂，帶有私情命格的人。

歌曰(十二)

天魁是天乙貴人，是眾人所欽佩的，命格主貴，會在政府做高官，福氣是很深的，飛黃騰達，又有名譽，讓眾人羨慕。並且其人很具有博學文雅的氣質，通古知今。

天魁和天鉞在運限中是很吉利的，人人遇到魁鉞運，可以賺很多的錢財。做官吏的人逢到魁鉞運，會發財、發福、升官。當年必定有升官的機會，可見高層主事掌權的上司。

【原文】

問祿存星所主若何?希夷先生答曰：祿存北斗第三星，真人之宿，主人貴爵，掌人壽基。帝相扶之施權，日、月得之增輝，天府、武曲為厥職，天梁、天同共其祥。十二宮中惟身、命、田宅、財帛為緊，主富。居遷移則佳，與帝星守官祿宜子孫爵秩。

若獨守命而無吉化仍看財奴耳。逢吉逞其權，遇惡敗其跡。最嫌落於陷空，不能為福。更湊火、鈴、空、劫，巧藝安身。

蓋祿爵當得勢而享之，守身、命，主人慈厚信直通文濟楚。女人清淑機巧能幹能為，有君子之志。紫、府、廉、同會合作祿存上局，大抵此星諸宮降福消災。然祿存不居四墓之地者，蓋以辰、戌為魁罡，丑、未為貴人之門，故祿存遇之良有以也。

歌曰(十三)

斗北祿存星，數中為上局，守值身命內，不貴多金玉。此為迪吉星，亦可登仕路，女人有聲名，武人有厚祿。常庶發橫財，僧道亦主福，官吏若逢之，斷然食天祿。

又曰

夾祿拱貴并化祿，金裡重逢金滿屋，不惟方丈比諸侯，一食萬鍾猶未足。

祿存對向守遷移，三合逢之利祿宜，得逢遐邇人欽敬，的然白手起家基。

【解析】

問：祿存星所代表的意義是什麽？

陳希夷先生答說：祿存是北斗第三顆星，是得道之人的星曜。掌管人的貴顯職位，也掌管人的壽命根基。有紫微帝座或天相來幫助，就可以施行權威。有太陽、太陰和祿存同宮，就更增加吉度，有光輝。天府和武曲星是為其工作的，天梁和天同星會和祿存一同呈祥。在十二個宮中，祿存以身宮、命宮、田宅宮、財帛宮為重要的宮位，在上述這些宮位中是主富有的。祿存在遷移宮中很好。其人的外在環境中有財，環境是不錯的。祿存與紫微在官祿宮中，會有子孫繼承父業。

祿存獨守命宮而沒有吉星同宮化吉的命格，仍被看做是守財奴。命宮中有吉星相扶的，會發揮祿存的特質與實用價值。若有惡星同宮則會無法造財，又會孤獨、吝嗇、人緣不佳。祿存在命宮最怕和陷落之星同宮，此星也會受到牽累而落陷。也怕有天空、地劫來同宮，這兩種情形都是不吉的，也無法發揮祿存的功用了。倘若再有火星、鈴星、地劫、天空與祿存同宮坐命的人，是有特殊技能在身，可以靠此生活的人。

凡財祿與爵位應該在得勢居旺的時候來享受。當祿存在人的身宮或命宮時，其人是慈善、忠厚、有信用、耿直，能夠很清楚的明瞭文章的內容和做人的道理。女子為祿存坐命時，其人是清秀、賢淑、有機智、伶巧，非常能幹，很會做事的人，並有有清高的、有德行的志向。

命局中有紫微、天府、廉貞、天同在三合宮位中相照會的命格，為祿存坐命者的上等格局。大都是祿存在各宮全是降下福氣消彌災難的。然而祿存不會在四墓地（辰、戌、丑、未宮）出現的原因就是：因為辰、戌宮為北斗星所在的地方。丑宮、未宮為貴人所出入的門戶，祿存主孤，故避開此四個宮位，長久以來就是這樣了。

※魁罡：指北斗星。

歌曰(十三)

北斗星曜中的祿存星，在命數上為上等命局。祿存在身宮、命宮內，是不主貴顯，但多富有的人，這是一顆很吉利的星，也可以去做官、走官途。祿存主命的人，若是做文人，會有聲名遠揚的機會。做武職（軍警業）會有優厚的俸祿。平常人有此命，會發一些突然有的財。若是做出家人或修行人，也會有福氣，可享清閒。做官吏若是有此命，一定是吃公家糧食，拿公務員薪資的人。

又說

命格中有『夾祿拱貴』格局，並且又帶化祿在命格中的人，是非常非常富有的人。不可用方丈（和尚）來比諸侯（代表位高權大之人），是吃了很多還不滿足的人。

祿存在命宮對宮的遷移宮時，有三合宮位再有化祿來照會是對財運最好的，並且到處受人尊敬欽佩，也是卓然白手起家的人。

【原文】

問天馬星主若何？希夷先生答曰：諸宮各有制化，如身命臨之謂之驛馬，喜祿存、紫、府、昌、曲守照為吉。如大小二限臨之，更遇祿存、紫、府流昌，必利。如與祿存同宮，謂之祿馬交馳。又曰折鞭馬。

紫府同宮，謂之扶輿馬。刑殺同宮，謂之負尸馬。火星同宮，謂之戰馬。日月同宮，謂之雌雄馬。逢空亡，謂之死馬、亡馬。居絕死，謂之死馬。遇陀羅，謂之折足馬。以上犯此數者，俱主災病，流年值之依此斷。

【解析】

問：天馬星代表什麼意義？

陳希夷先生說：天馬在各宮都有相制或化吉。如果天馬在身宮、命宮，就稱為驛馬。喜歡有祿存、紫微、天府、文昌、文曲來同宮或相照為好。

如果在大、小限逢到天馬，更有祿存、紫府、流運文昌到限運，是一定有利的，會大進錢財。

如果天馬與祿存同宮稱為『祿馬交馳』。又稱『折鞭馬』。與紫府同宮，稱為『扶輿馬』。天馬與刑星、殺星同宮，稱為『負尸馬』（背負屍體的馬）。

天馬與火星同宮，稱為『戰馬』。天馬和太陽、太陰同宮，稱為『雌雄馬』。天馬和空亡同宮，稱做『死馬』、『亡馬』。天馬居死絕之位，稱為『死馬』。天馬和陀羅同宮，稱為『折足馬』。上述這些狀況皆不好，命格中有此現象的人，會有災禍，病痛。流年運逢到，也是這麼看。

四化星

【原文】

問化祿星所主若何？希夷先生答曰：祿為福德之神，守身、命、官祿之位，科權相逢必作大臣之職。小限逢之，主進財、入仕之喜。大限十年吉慶無疑，惡曜來臨并羊、陀、火、忌沖照亦不為害，女人吉湊作命婦。二限逢之，內外威嚴，殺湊平常。

問化權星所主若何？希夷先生答曰：權星掌判生殺之神，守身命，科祿相逢出將入相。科權相逢必定文章冠世，人皆欽仰。小限相逢，無有不吉。大限十年必然遂志。

如逢羊、陀、耗、使、劫、空，聽讒貽累官災貶謫。女人得之，內外稱志，可作命婦。僧道掌山林有師號。

問化科星所主若何？希夷先生答曰：科星上界應試主掌文墨之星，守身命權祿相逢，宰臣之貴。如逢惡曜，亦為文章秀士，可作群英師範。女命吉拱，主貴封贈。雖四殺沖破亦為富貴，與科星拱照沖同論。

問化忌星所主若何？希夷先生答曰：忌為多管之神，守身命一生不順。小限逢之、一年不足。大限十年悔吝。二限太歲交臨，斷然蹭蹬。

文人不耐久，武人縱有官災、口舌不妨。雖商賈、技藝人皆不宜利。如會紫、府、昌、曲、左、右、科權祿。與忌同宮又兼四殺共處，即發財亦不佳，功名亦不成。就如單逢四殺、耗、使、劫、空主奔波帶疾，僧道流移還俗，女人一生貧夭。

【解析】

問：化祿星所代表的意義是什麼？

陳希夷先生答說：化祿星是管福德的神祉。在人的身宮、命宮、官祿宮的宮位中有化科、化權同宮或相照（包括三合照守），一定會做大官。在小限（管一年中之運氣）中逢到化祿運，一定會進財、賺到錢。並且有升官、去做官的喜事。化祿在大限中，有十年的吉祥喜慶之事。倘若逢到惡星來同宮相照，例如有羊、陀、火、鈴來沖照，也沒有關係，為害不深。

女人命中有化祿，再有吉星，是可做大官的太太。大、小限運中逢到化祿星，是具有威嚴、端莊的形貌，但是有殺星和化祿同宮時，則為平常人之命了。

問：化權星所代表的意義是什麼？

希夷先生答說：化權星是主管掌有宣判生殺大權的神祉。化權星在人的身宮、命宮，有化科、化祿在三合宮中再相逢的，可以出將入相做國家一級重臣。有化科、化權相照守的人，一定有文章、學說、思想傳於世上，讓人欽佩。在小限中有化科、化權碰到，不會有任何不吉利的事。化科、化權在大運中碰到，在十年中也會心想事成。

如果化權星逢到有擎羊、陀羅、破軍、天使、地劫、天空等星同宮或相照時，其人會聽信讒言，有官災、失誤、被降職處分。女人在限運中得到此運，會積急奮發，有志氣，也可有成就。出家人，修行的道士有此運，會管理寺廟做主持人，並有大師的稱號。

問：化科星所代表的意義是什麼？

希夷先生答說：化科星是上天派來主管在應試時有文學才華的星曜。化科在人的身宮、命宮中和化權、化祿同宮或照守時，可以做宰相的貴位。（今引伸做行政院長之職。）如果化科和凶星同宮，也能做文章出眾的普通人，可成為一般人的老師、典範。女命有化科，再有吉星拱照的，主顯貴，有貴命，可受到政府的表揚。雖然命格中有四殺來同宮沖破，也會有富貴。凶星與化科星在三合、四方宮位拱照相沖的也是一樣。

問：化忌星所代表的意義是什麼？

希夷先生答說：化忌為喜歡多管別人的神祉。化忌在人的身宮、命宮時，其人是一生都不順遂的。化忌在小限中，就會有一年都錢財不夠用。化忌在大運中，就會有十年心情不好，會有後悔、吃虧、賺不到錢，萬事皆不吉。在大、小限，又逢太歲當頭的年份中，做事、做官一定會拖拖拉拉，不順利的。

文人命格中有化忌星，是好運不長，做事、做官做不長久的。做武職的人命格中有化忌星，即使有官災（遭刑罰）和口舌災禍是無大礙的。但是化忌星對商人，靠技術、才藝吃飯的人都不利。

如果化忌星照會紫微、天府、文昌、文曲、左輔、右弼、化科、化權、化祿等星也不佳。上述這些星與化忌同宮，又有四殺同宮的，即使發了財，也不好，考試不會中。倘若命宮中有化忌，或與四殺（羊、陀、火、鈴）、破軍、天使、地劫、天空中之一星單逢同宮，也會奔波勞碌，身體帶有疾病。僧道等出家人有此命格，會到處流蕩，或是還俗不做出家人了。（僧道還俗為不貞。）女人若逢此命格是一生貧困夭亡的命格。

【原文】

問擎羊星所主若何？希夷先生答曰：擎羊北斗之助星，守身命性麄，行暴，孤單。則視親為疏，翻恩為怨，入廟性剛果決，機謀好勇，主權貴。

北方生人為福，四墓生人不忌。居卯、酉作禍與殃，刑剋極甚。六甲、六戊生人必有凶禍，縱富貴不久，亦不善終。

若九流工藝人辛勤。加火、忌、劫、空沖破，殘疾離祖刑剋六親。女人入廟加吉上局，殺耗沖破，多主刑剋下局。

問陀羅星所主若何？希夷先生答曰：陀羅北斗之助星，守身命心行不正，暗淚長流，性剛威猛，作事進退，橫成橫破，飄蕩不定，與貪狼同度因酒色以成癆。與火、鈴同處，定疥疫之死。

居疾厄暗疾纏綿。辰、戌、丑、未生人為福，在廟財官論。女人不耐久，武人橫發高遷，若陷地加殺刑剋招凶，二姓延生。女人刑剋下賤。

【解析】

問：擎羊星所代表的意義是什麼？

希夷先生答說：擎羊是北斗星曜中的助星。擎羊在身宮、命宮的人，性情粗魯，行為橫暴，孤單、孤獨。對親人疏遠，與人不和，以怨報德。擎羊居廟坐命時，其人性情是剛直、果斷、堅決的，而且具有機智、謀略、好勇、鬥狠，但可擁有權力、責任。

擎羊坐命者，以生在北方為最好，或是坐命在辰、戌、丑、未宮四墓之宮位為居廟位者最好。擎羊坐命在卯、酉宮為居陷位，其人會做惡事、搞災殃來害人，這是刑剋最重、最厲害的了。六甲（指的是甲子、甲寅、甲辰、甲午、甲申、甲戌年生的人）年生的人，和六戊年生的人（指戊子、戊寅、戊辰、戊午、戊申、戊戌年生的人）都是會有凶災禍事的。即使有富貴也不會長久，也會不得好死。

※按甲年生的人有擎羊在卯宮，又有太陽化忌，坐命卯、酉宮居陷的人，會有『羊陀夾忌』的惡格，主死於非命。
戊年生的人有擎羊在午宮，有天機化忌，擎羊坐命卯、酉宮的人在命格中也有『羊陀夾忌』的惡格，亦會死於非命。

擎羊居陷在命宮的人，若是做低下的做工、靠手藝過活，也會辛勤而賺錢不多。命格中再有火星、化忌、地劫、天空沖破，是身體有殘疾又離開父母（過繼或在外漂蕩），與六親不合，相互刑剋的人。

女子是擎羊居廟坐命，再有吉星同宮或相照，是較上等格局的命格。凡是命格中有殺星、耗星（凶星或破軍星）來沖破的，又是刑剋多的命局，此為下等格局的命格了。

問：陀羅星所代表的意義是什麼？

希夷先生答說：陀羅是北斗星曜的助星。陀羅在身宮、命宮中的人，是心性和行為不正派的人。而且有許多事情不順利，會暗自流淚。此命格的人，性格剛直威武凶猛，做事反覆無常，隨便做，隨便又失敗了。一生是不安定、飄浮遊蕩型的。陀羅坐命，有貪狼同宮或相照的人，會因酒色而生癆病，亦會生花柳病。陀羅坐命，與火星、鈴星同宮，一定會生疥瘡、瘟疫而死。

陀羅在人的疾厄宮中，會有暗疾纏身病很久，凡是辰年、戌年、丑年、未年生的人，有陀羅坐命是較好的。陀羅居廟在財帛宮或官祿宮時，做文質方面工作的人，不長久，會常換職業。做武職行業的人會有暴發運而高升職位。倘若陀羅居陷（在寅、申、巳、亥宮）再有殺星，是具有刑剋而招來凶事災禍的人。此人並會有二姓，過繼給人做養子，或隨母改嫁而改姓。女人有陀羅居陷的命格，是具有刑剋、下賤的命格。

羊陀二星總論

【原文】

玉蟾先生曰：擎羊陀羅二星屬火金，乃北斗浮星。在斗司奏，在數凶厄，羊化氣曰刑，陀化氣曰忌。怕臨兄弟、田宅、父母三宮，忌三合臨身、命。

合昌、曲、左、右有暗疾、眼疾。見日月，女剋夫，而夫剋婦。為諸宮之凶神，忌同日、月則傷親損目，刑併桃花則風流若禍。忌貪狼合，因花酒以忘身。刑與暗同行，招暗疾而壞目。

忌與殺暗同度，招凌辱而生暗疾。與火、鈴為凶伴，只宜僧道。權刑合殺疾病官厄不免。貪、耗流年面上刺痕，二限更遇此，災害不時而生也。

歌曰

刑與暗同行，暗疾刑六親。火鈴遇凶伴，只宜道與僧。權刑囚合殺，疾病災厄侵。貪耗流年聚，面上刺痕新。限運若逢此，橫禍血刃生。

羊陀夭壽殺，人遇為掃星。君子防恐懼，小人遭凌刑。遇耗決乞求，只宜林中人。二限倘來犯，不時災禍侵。

【解析】

白玉蟾先生說：擎羊、陀羅二星五行皆屬帶火之金。而且都是北斗星曜中的浮星。在斗數中主管奏事，在命數中主管凶厄之事。擎羊的化氣稱做『刑』。陀羅的化氣稱做『忌』。

羊、陀二星最好不要在兄弟宮、田宅宮、父母宮這三宮，這樣會有凶猛的兄弟、父母或與家財無緣。羊陀也忌諱在人的身宮、命宮。

羊陀坐命，有文昌、文曲、左輔、右弼三合照守的人，有身體的暗疾，或眼睛不好，有病。羊陀坐命，有太陽、太陰來對照的人，此命格的女子會刑剋丈夫。此命的男子會刑剋妻子。

擎羊、陀羅在所有的宮位，都算是凶星，不可在命格中和太陽、太陰同宮，否則都會刑剋家中男女，及損害眼目。擎羊和桃花同宮，會因風流之事惹禍端。陀羅和貪狼同宮或相照，會因喝花酒，好淫而招禍。擎羊與巨門同宮或相照，也是會發生暗疾而眼睛不好。

陀羅和殺星、巨門同宮或相照，會招到屈辱的事情，身體也會生暗疾。陀羅與火星、鈴星等凶星同宮或相照，只適合做出家人、僧人或道士。有權星（指化權星），擎羊同宮，再有殺星在三合宮位相照，其人會有疾病、官非（打官司）。在流年運中，逢到有貪狼、破軍和擎羊同宮時，會在臉面上刺上痕跡。（古人以遭到刑罰會在臉面上刺痕。今人在走貪狼、破軍運時，再逢擎羊的流年、流月時，也會在面上、身上刺青趕時髦，或是有傷災在臉上留下痕跡。）

大、小限遇到羊、陀二星時，災禍是不停的在發生。

歌曰

擎羊與巨門同宮，或相照，是有暗疾或刑剋六親，與六親不合的人。有火、鈴，凶星與擎羊同宮，只適合做出家人，為僧為道。有化權星、擎羊、廉貞在三合宮位中相照，會有疾病和災害發生。貪狼、破軍集合在流年之中，臉面上會有刺痕（比喻犯官司受刑罰。）大、小限運逢到擎羊、陀羅運時，會遭遇橫事、災禍，有血光之災。

羊陀是『夭壽煞』，凡人遇到是為掃帚星。正派的君子之人逢此運很小心的在防守，而邪道小人逢此運會遭到凌辱刑剋。倘若命格中有擎羊或陀羅和破軍星同宮坐命，會窮困做乞丐，只適合做出家人（僧人、道士），大、小二限中逢到擎羊運、陀羅運，是不時有災禍發生的。

火星

【原文】

問火星所主若何？**答**：曰：火星乃南斗浮星也。

希夷先生歌曰：火星大殺將，南斗號殺神。若主身命位，諸宮不可臨。性氣亦沈毒，剛強出眾人，毛髮多異類，唇齒有傷痕，更與羊陀會，襁褓必災迍，過房出外養，二姓可延生。此星東南利，不利西北生。若得貪狼會，旺地貴無倫，封候居上將，勳業著邊庭。三方無殺破，中年後始興。僧道多飄蕩，不守規戒心。女人旺地潔，陷地主邪淫，刑夫又剋子，下賤勞碌人。

【解析】

問：火星所代表的意義是什麼？

答：火星是南斗星曜中的浮星。

希夷先生以壓韻的歌來回答說：火星是大殺將，是南斗星曜又叫做殺神。倘若在人的身宮或命宮中，在其他的宮位就不會臨到了。身、命有火星的人，是性格脾氣很陰毒，又剛直強硬超出一般人。他的頭髮和常人不一樣，不黑，會有發紅或偏黃的現象（上述是天生自然現象，現今命宮中有火星，或三合照守命宮的宮位中有火星的人，大都喜歡染紅、黃等色的頭髮，來趕時髦，或標新立異。）在嘴唇或牙齒有傷。倘若命、身兩宮有火星和羊、陀同宮或相照會，在幼年、嬰兒時期多災、不好養。過繼給別人養，姓另外一個姓氏，可延長生命。

火星坐命的人，要生於東南方，或者是丙、丁、巳、午年生的人較有利，命運較好。出生於西北方，或是庚辛、壬癸、申、酉、戌年生的人，命運就不算好了，會十分辛苦，沒什麼成就。倘若有火星和貪狼同宮或相會照，雙星都居旺時主貴，會有武職崢嶸，位居上將之位。打仗出戰、保衛國家、功動很大。（『火貪』格的人有暴發運，一生有奇遇，在人生成就上可製造功業彪炳，以武職升等最快。並且此命格的人也有偏財運，更會暴發財富、運勢大好。）

火星坐命的人，三合宮位中沒有煞星來沖破，在中年以後開始興旺。火星坐命者不能做出家人、僧道之人，會喜飄蕩，不守清規戒律。（因為火星坐命者都是心浮氣躁、性急的人，靜不下來。）

女子為火星居旺坐命時，是潔身自愛的人。女子火星居陷坐命時是邪淫不貞、刑剋丈夫、子女的人，也同時是勞碌低賤的人。

鈴星

【原文】

問鈴星所主若何？答曰：鈴星乃南斗助星也。

希夷先生歌曰：大殺鈴星將，南斗為從神。值人身命者，性格亦沈吟，形貌多異類，威勢有聲名。若與貪狼會，指日立邊庭。廟地財官貴，陷地主孤貧。羊陀若湊合，其刑大不清，孤單并棄祖，殘傷帶疾人。僧道多飄蕩，還俗定無論。女人無吉曜，刑剋少六親，終身不貞潔，壽夭仍困貧。此星大殺將，其惡不可禁，一生有凶禍，聚實為虛情。七殺主陣亡，破軍財屋傾。廉宿羊刑會，卻宜主刀兵，或遇貪狼宿，官祿亦不寧。若逢居旺地，富貴不可倫。

【解析】

問：鈴星所代表的意義是什麼？

答：鈴星是南斗星曜中的助星。

希夷先生用歌來回答說：鈴星是大殺將，在南斗星曜中為相從的神祉。鈴星在人的身宮、命宮時，其性格是陰沈不多話的。其外形相貌有怪異現象，和常人不一樣。（其人下頷多菱角、短臉、眼大、極瘦型，臉上骨節突出）其人具有威嚴之勢和名聲，鈴星和貪狼同宮或相對照坐命的人，具有『鈴貪』格暴發運，也會做武職在邊境為保疆衛國立功績做大將軍。鈴星居廟坐命的人，在錢財上有暴發運會發大財，在事業上可有突發的運氣，做大官具有顯貴的地位。鈴星居陷坐命的人，是一生孤苦貧困的人，倘若鈴星坐命，再有羊、陀同宮或相照，其人的刑剋非常重，是孤單，遠離出生時的家，被別人養大的人。此命格也會是身體有傷殘，或身上有暗病的人。鈴星坐命者就是做和尚、尼姑、道士，也會東西飄蕩，生活不安定，而且還會還俗，做不長。女人是鈴星坐命，沒有吉星來相照，會是刑剋之人。並且家中親人零落，一輩子也多淫不會貞潔，並且是貧困早夭之人。

鈴星是大殺將，其惡性是擋不住的，一生都有凶厄災禍。要看和什麼星來相會，有七殺和鈴星同宮，主其人會陣亡。有鈴星和破軍同宮在財帛宮，也會耗財、財盡。有廉貞、擎羊、鈴星相會，適宜上戰場廝殺、爭鬥。鈴星和貪狼在官祿宮中有大起大落的現象是不平靜的。(因為有暴發運的關係)。倘若鈴星和貪狼都在旺位,(也就是『鈴貪格』在旺位),富貴是無以倫比超大的了。

羊、陀、火、鈴四星總論

【原文】

玉蟾先生曰:火、鈴、陀羅金,擎羊刑忌訣:一名為掃星,又名短壽殺。君子失其權,小人犯刑法,孤獨剋六親,災禍常不歇。腰足唇齒傷,勞碌多蹇剝,破相又勞心,乞丐填溝壑。武曲併貪狼,一世招凶惡,疾厄若逢之,四時不離著,只宜山寺僧,金穀常安樂。

【解析】

白玉蟾先生說:火星、鈴星、陀羅、擎羊都是煞星。陀羅又稱『掃帚星』,擎羊又稱『短壽煞』。君子人有這些煞星入命格,會失去權力,運氣不佳。小人命格中有這些煞星，就會作惡犯刑法。四煞星主命的人，都是刑剋家人而孤獨的人，一輩子災禍很多，一個接一個不停息。他們在腰部、足部、嘴唇、口齒方面都有傷，並且是勞碌奔波、運氣不好的人。臉上會破相有血光之災，又是勞心勞力的人，也可能最後會做乞丐、窮困至死。有武曲、貪狼和四煞同宮，一輩子也會有凶惡的事。疾厄宮有四煞，四季都不安寧要看病。四煞入命的人，只適宜做山上廟裡的僧人，才會有衣食安樂。

天空、地劫

【原文】

問天空地劫所主若何？希夷先生曰：二星守身命，遇吉則吉，遇凶則凶，如四殺沖照，輕者下賤，重者六畜不興。僧道不正，女子婢妾，刑剋孤獨。大抵二星俱不宜見，定主破財，二限逢之必凶。

歌曰（一）

劫空為害最愁人，才智英雄誤一生，只好為僧併學術，堆金積玉也須貧。

問天傷天使所主若何？希夷先生答曰：天傷乃上天虛耗之神，天使乃上天傳使之神。

太歲二限逢之不問得地否，只要吉多為福、其禍稍輕。如無吉，值巨門、羊、陀、火、忌、天機，其年必主官災喪亡破敗。

歌曰(二)

限至天耗號天傷，夫子在陳也絕糧，天使限臨人共忌，石崇巨富破家亡。

問天刑星所主若何？希夷先生答曰：天刑守命、身，不為僧道定主孤刑。不夭則貧，父母、兄弟不得全。二限逢之主出家、官事、牢獄、失財，入廟則吉。

歌曰(三)

天刑未必是凶星，入廟名為天喜神，昌曲吉星來湊合，定然獻策到王庭。

刑居寅上并酉戌，更傷卯位自光明，必遇文星成大業，掌握邊疆百萬兵。

三不子兮號天刑，為僧為道是孤身，天哭二星皆同到，終是難逃有疾人。

【解析】

問：天空、地劫所代表的意義是什麼？

希夷先生答說：天空、地劫二星在身宮或命宮中，遇到吉星同宮或相照，則其人命運為吉。若遇到凶星在身、命宮同宮或相照則命運為凶。如果劫、空坐命有四殺（羊、陀、火、鈴）來沖照，刑剋輕的是命格為下賤之格。刑剋重的，家中會什麼家畜都養不好（表示家中無財）。做僧人、道士的人會邪佞不正。此命格的女子會做婢做妾，並且一生刑剋家人，最後是孤獨之人。在人的命格和運程中，天空、地劫二星最好是都不要見到，一定會主破財，大、小限逢到天空運或地劫運，一定有凶事發生。

歌曰（一）

地劫、天空的為害人之命運是最煩人的，會讓人的聰明才智和英雄氣魄被耽誤了一生。只能做僧人或研究學術方面的工作，縱然在金玉堆中也會是貧困的。

問：天傷、天使所代表的意義是什麼？

希夷先生答說：天傷是上天管虛耗的神祉。天使是上天管傳令使節的神祉。

太歲和大、小限逢到天傷或天使，是不必問此二星的旺弱的，只要看有沒有吉星來同宮就可以了。同宮有吉星多的，就運氣好，禍亂也輕一點。如果沒有吉星同宮，又剛好有巨門、擎羊、陀羅、火星、化忌、天機等星和天傷、天使同宮，這一年必會有官非（打官司），家中有喪亡之事，破耗破財之事發生。

歌曰(二)

限運到天耗稱做『天傷』。孔夫子逢此運，周遊列國時，走到陳國也斷絕了糧食挨餓了。人在走天使的限運中，會遭人嫉妒，石崇雖為巨富之人，也受人陷害而家破人亡。

問：天刑星所代表的意義是什麼？

希夷先生答說：天刑在人的身宮或命宮，不做僧人、道士，其人一定會有孤獨刑剋，若不早夭就會貧困。其人的父母雙親和兄弟中一定有殘缺。（父母缺一，或是兄弟中有早夭者）。大、小限逢到天刑，會有出家之事，官非（打官司）、牢獄之災、丟掉錢等事。天刑入廟則為吉利。

歌曰(三)

天刑不一定是凶星，天刑居廟位時稱為『天喜神』，有文昌、文曲等吉星來同宮或相照，可做政府的資策顧問。

天刑在寅宮、酉宮、戌宮、卯宮是居廟旺之位的，必須有文星昌曲同宮會成就大事業。亦能掌兵權，威震邊疆管理百萬兵馬。

天刑居亥、子、丑宮時，為居陷位，會做僧道之人，孤獨一生。若再有天哭同宮，其人會是有暗疾纏身的人。

【原文】

問：天姚星所主若何？希夷先生答曰：天姚守身命，心性陰毒多疑恐，善顏色風流多婢，主淫。

入廟旺，主富貴多奴，居亥有學識。會惡星破家敗產，因色犯刑、六合重逢少年夭折。若臨限不用媒妁，招手成婚。或紫微吉星加剛柔相濟，主風騷。加紅鸞愈淫，加刑刃主夭。

歌曰（四）

天姚居戌卯酉遊，更入雙魚一併求，福厚生成耽酒色，無災無禍度春秋。

天姚星與敗星同，號曰人間掃氣罾，辛苦平生過一世，不曾安迹在客中。人身偶爾值天姚，戀色貪花性帶凶，此曜若居生旺地，位登極品亦風騷。

【解析】

問：天姚星代表的意義是什麼？

希夷先生答說：天姚在身宮、命宮的人，是性格陰險毒辣，喜歡懷疑別人，多恐懼的人。他們善於察言觀色，是風流成性，多養婢女妾室，主荒淫。

天姚入廟旺之位，會具有財富和貴顯的地位，並養有許多奴婢僕役。天姚星在亥宮坐命，其人會有學識。倘若有凶星相會照（對照），會家破、耗敗家產，因好色而犯刑罰。倘若限運兩度在三合宮位中迭逢，其人在少年時代即夭折死亡。在限運中倘若逢天姚運，不需媒人提婚說媒，立刻就有機會成婚（指桃花重，被人看上，意含為不正當的婚姻或有同居關係）。有紫微星或其他的吉星和天姚同宮，性情是諧調的，但是其人會很風騷、招蜂引蝶。天姚加紅鸞同宮，是更加有淫慾了。天姚加擎羊（刑刃）主死亡。

歌曰(四)

天姚在戌宮、酉宮、卯宮、巳宮、亥宮等宮位坐命時，是福份厚但好酒色之徒，可以沒災沒禍的過日子。

天姚星與凶星同宮，稱做人間『掃帚煞』，是非常厲害的。會辛苦勞碌過一生，不會平靜或平安的待在一個地方。人的身宮有天姚星時，其人會貪戀美色、女色、性情凶悍不善良。天姚若在旺宮，是可有成就，能登上高位，但依然有好色的毛病。

天哭、天虛

【原文】

問天哭天虛二星所主若何?希夷先生答曰:哭虛為惡曜,臨命最非常,加臨父母內,破蕩賣田庄。

若教身命陷,窮獨帶刑傷,六親多不足,煩惱度時光,東謀西不就,心事總忙忙。丑卯申宮吉,遇祿名顯揚。二限若逢之,哀哀哭斷腸。

【解析】

問:天哭、天虛二星所代表的意思是什麼?

希夷先生答說:天哭、天虛為惡星,在命宮最不好,在父母宮內,與父母不和,會破敗家產,賣掉田地、房產。

天哭、天虛在身宮、命宮時,身宮、命宮中的主星又居陷位的話,其人會貧窮、孤獨,命帶刑剋。身體有殘傷,而且是父母、兄弟姐妹家人稀少、煩惱度日，一輩子多做做、西做做，無法有固定職業，內心是茫茫然的，沒有中心目標。

天哭、天虛在丑宮、卯宮、申宮是旺位為吉，遇到祿存可以有財富、名聲顯赫遠揚。大、小限遇到天哭運、天虛運，總是有讓人哭泣的事情（表示不吉）。

9. 論人命格造化趨吉之格局

【原文】

面對面朝斗格　子、午宮逢祿存是也

詩曰　祿有對面在遷移　子午逢之利祿宜　德合吉壤人敬重
雙全富貴福稀奇

【解析】

『對面朝斗』格：

以命坐子宮，對宮（午宮）有祿存，或是命坐午宮，對宮（子宮）有祿存之命格。

詩云：祿存在命宮對面的遷移宮中，以祿存在子、午宮逢此格最好，有財祿利益於人。其人會有德行、吉善使人尊敬、重視，也會非常有福氣，財

富和顯貴之位，皆而有之。

【原文】

論科權祿主格

詩曰　祿權周勃命中逢　入相王朝贊聖功　迎合權星兼吉曜

巍巍富貴列三公

【解析】

『科權祿主』格

詩云：古人周勃的命宮中有化祿、化權同宮，可在國家中做宰相，對國家有貢獻，命宮對宮或三合宮位『命、財、官』中有化權星及吉星相照，可有極高的富與貴，做政府的高官。

【原文】

論左右朝垣格

詩曰　天星左右最高明　若在三方祿位輿　武職高登應顯佐

文人名譽列公卿

【解析】

『左右朝垣』格

詩云：左輔、右弼是最高明的星曜，倘若在人命格的三合宮位中『命、財、官』二宮有左右同宮，其人做武職（軍警業可貴顯，且有貴人相佐成事。做文職的人會有名譽，也能做高官）。

【原文】

論兼文武格　文曲武曲在身命是也

詩曰　格名文武少人知　遇此須教百事通　更值命宮無殺破

滔滔榮顯是英雄

【解析】

「兼文武格」為文曲文星，武曲財星同在命宮、身宮者為之。

詩云：『文武格』很少人知，有此命格的人，是百事通曉的人，更須命宮沒有殺星、破星，會做光榮顯達的英雄人物。

【原文】

論文星朝命格

詩曰　文昌文曲最榮華　值此須生富貴家　更得三方祥曜拱

卻如錦上又添花

【解析】

「文星朝命」格

詩云：命格中有文昌、文曲是最能使人享榮華富貴的，有此命格的人，會生在富貴人家，很享福。但必須命宮之三合宮位（命、財、官）中有吉星來拱照才行。這就像錦上添花一般，會有更大的富貴了。

【原文】

論石中隱玉格　命在子午逢巨門是也

詩曰　巨門子午二宮逢　身命逢之必貴榮　更得三方科祿拱

石中隱玉是豐隆

【解析】

『石中隱玉』格　指巨門坐命子、午宮的人。

詩云：巨門在子宮或午宮，人之身宮、命宮逢此命格者為『石中隱玉』格，主貴顯榮耀。但必須在命宮的三合宮位中有化科、化祿來拱照，『石中隱玉』格是會為人帶來豐足隆昌的好運的。

【原文】

論貪狼遇火名為火貴格

詩曰　火遇貪狼照命宮　封侯食祿是英雄　三方倘若無凶殺　到老應知福壽隆

【解析】

『火貴格』：

貪狼和火星同宮或相對照時，稱『火貴格』，又稱『火貪格』（三合照命不是）。

詩云：火星遇到貪狼來相照命宮，具有『火貪格』，有暴發運。能突然暴發有功勳，得到升職，為英雄人物。三合宮位中要沒有凶星來照會，才能有福有壽到老。

【原文】

論人有無商賈之命，如人命有巨、日、紫、府守照，為人安分，有仁德，耿直之心作事無私，不行邪僻不肯妄求，為士為官主有廉潔。如值月、貪、同、教、忌、心多機關貪財無饜，暮夜求利之輩。

詩曰　貪月同殺會機梁　因財計利作經商　須知暮夜無眠睡　潮海營營自走忙

又曰　經商紫府遇擎羊　武曲遷移利市場　殺破廉貞同左右　羊鈴火宿遠傳揚

【解析】

論斷有沒有做商人之命的命格：

如果有人的命宮中有巨門、太陽、紫微、天府在命宮或照會，其人是做人安份守己、有仁愛德行、心性耿直、做事沒有私心，不會做邪佞之事，也不會有虛妄的需求，其人做百姓、做官都會很廉潔。

如果命宮有太陰、貪狼、天同、殺星、化忌等星的人，是貪財不知足，心裡多營謀、奸詐，日夜愛求財利的人。

詩云：貪狼、太陰、天同、殺星和天機、天梁在命宮中同宮或相照的人，會因好計算財利而經商。這種人是日夜忙碌不睡覺，每日營營汲汲的奔忙的人。

又說：命宮中有紫府和擎羊同宮的人會經商。命格中武曲居廟在遷移宮的人精通市場的變化（此為貪狼坐命辰、戌宮的人）。七殺、破軍、廉貞和左輔、右弼同宮坐命的人，也會喜經商。命宮中有擎羊、火星、鈴星同宮的人，也會為做生意而到處做廣告宣揚。

【原文】

論人命有無術藝者。寅、申、巳、亥安命，或辰、戌、丑、未遇有貪狼、武曲在命，化忌加殺必作細巧藝術之人也。

詩曰　閑宮貪狼何生業　不是屠人須打鐵　諸般巧藝更能精

性好遊畋并捕獵

又曰　破武未宮多巧藝　巳亥安命正相宜　破軍廉貞居卯酉細巧之人定藝奇

又曰　天機天相命身中　帝令財星入墓宮　天府若居遷動位平生定是作奇工

【解析】

論人命格中有沒有技術和才藝的命格

倘若在寅宮、申宮、巳宮、亥宮（四馬宮）坐命，或是在辰宮、戌宮、丑宮、未宮（四墓宮）有貪狼星或武曲星在命宮，再有化忌，殺星（指羊、陀、火、鈴）同宮，是一定會為有精巧手藝或特殊技術的人。

詩云：貪狼在居平陷位的閒宮時，會做什麼行業呢？當然不是屠宰之人就是打鐵匠了。做其他的特殊技術的工作也更可以很精通。其人是喜歡做遊牧民族和打獵等事的。

又說：破軍或武曲在未宮坐命的人大都有特殊技能。（此指紫破坐命未宮和武貪坐命未宮的人。武破坐命巳、亥宮的人也是有特殊技能的人。廉破居卯、酉宮的人。上述這些命格的人，都會有讓人驚奇、讚嘆的精細、巧緻的手藝。

又說：天機、天相在人的命宮或身宮中，財星武曲在四墓宮出現坐命（財星武曲在辰、戌宮為獨坐，在丑、未宮為武貪坐命。）或是天府在寅、申、巳、亥宮坐命的人，一生中必定有特殊技能來賴以維生。

【原文】

論出家僧道之命。紫微居卯、酉遇劫、空者，看命無正星又兼羊、火、劫、空、化忌者，更看父母、妻、子三宮有殺者，方可斷，及寅年申月巳日亥時四正殺湊化忌，男僧道，女尼姑。

詩曰　極居卯酉遇劫空　十人之命九人僧　道釋岩泉皆有分　清閑幽靜度平生

又曰　命坐空鄉定出家　文星相會實堪誇　若還文曲臨身命　受蔭清閑福可嘉

又曰　天機七殺破梁同　羽客僧流命所逢　更若太陽兼帝座

伶仃孤剋命方終

【解析】

論斷出家人做僧人和尚或道士的命格

首先是紫微在卯、酉宮坐命再有地劫、天空同在命宮的人（此即紫貪加劫空坐命）。另一種是命宮無主星（無正曜）卻有擎羊、火星、地劫、天空、化忌來坐命的，更要看父母宮、夫妻宮、子女宮三個宮位中有殺星的，才可以斷其為僧道之命。在八字上，生於寅年、申月、巳日、亥時（寅、申、巳、亥四全）殺星湊齊更加化忌在命格的人，男子為和尚、道士，女子為尼姑。

詩云：紫微星在卯、酉宮和劫空同宮，十個人命格中有九個人會做和尚。或離不開在道教、佛教中修行，一生便沒什麼作為了，只求清靜幽閒的過日子。

又說：命宮中有天空星，一定會出家，有文昌、文曲星同宮是好命的，倘若再兼有文曲在身宮或命宮，一定有蔭福，可清閒過日子，不需打拚了。

又說：天機、七殺、破軍、天梁坐命的人，是算命的人、和尚之流的命格。倘若有太陽或紫微同宮，（例如紫殺、陽梁等命格），孤苦伶仃、刑剋的命格才可以得到制化而不為壞命。

【原文】

論人命內犯孤剋者。如剋妻、剋子、剋父母，內犯一二不為僧道亦作貧賤之人。第一看父母在廟旺地有無吉凶星辰，如在陷加殺化忌必主刑剋。第二又看妻妾宮，三看子女宮，廟陷之地有無吉凶星辰，如在陷加殺化忌必鰥寡孤獨論斷。

【解析】

論斷人命格中有孤獨刑剋的命格

如果命格中夫妻宮有殺星，剋妻。子女宮有煞星、剋子。父母宮有煞星剋父母，上述只要命格中有二種，不做和尚、道士，也會做貧苦下賤之人。

看孤剋命格：首先要看父母宮中的星是否在廟旺之位，和有沒有吉星或凶星。如果父母宮中的星在陷位、又有煞星、化忌星同宮，就一定有刑剋。

第二，要看夫妻宮中的星是否居陷，有無煞星化忌同宮。第三，看子女宮的情況，同樣是看主星是否在廟位、陷位？是否有吉星或凶星的存在？如果宮中的星在陷位，又加煞星、化忌等星，一定以無妻、無夫、無子，一生孤獨來論斷。

【原文】

論壽夭淫蕩

詩曰　貪狼入廟最高強　南極星同壽命長　北斗帝星無惡殺
綿綿老耋衍禎祥

又曰　七殺臨身終是夭　貪狼入廟定為娼　前示三合相臨照
也學韓君去竊香

又曰　身命兩宮俱有殺　貪花戀酒禍猶深　平生二限來符會
得意之中卻又沈

【解析】

論長壽、夭亡、淫蕩之命

詩云：貪狼在廟位入命宮的人最長壽，有天府星在命宮的人壽命也長。有紫微星在命宮，沒有煞星同宮的，都可以有禎福祥和的人生到八十歲以上。

※耋：音ㄉㄧㄝˊ（音跌），指八十歲以上的老人。

又說：七殺在身宮的人，終究是早夭之人。女子有貪狼在廟位入身宮或命宮者，容易做娼妓。前面二顆星七殺和貪狼在三合宮位相照的命格（指破軍坐命），也會學韓君去做淫賊。

又說：在人的身宮、命宮都有煞星的人，是貪戀酒色的人，災禍是很深的。倘若大、小限又逢身宮、命宮的限運，即使在得意的時候也會很快沈淪有災的。

【原文】

論定人殘疾，先看命宮星，落陷加羊、陀、火、鈴、劫、空、忌宿，又看疾厄宮星廟陷吉凶，而斷可也。

詩曰　命中羊陀殺守身　火鈴坐照福非輕　平生若不常年臥　也作陀腰曲背人

【解析】

論人會有殘疾

先看其人命宮中有什麼星，若是主星陷落又有擎羊、陀羅、火星、鈴星、地劫、天空、化忌等星，再看疾厄宮中的星是在廟位或陷位，或是吉星或凶星，以這兩個宮位的星一同做參考，便可以斷定了。

詩曰：命宮中有羊、陀，而有煞星守身宮，有火星、鈴星來同宮或相照的命格，不會死算是有福的。一生中不是常年臥病，也會是彎腰陀背（即背上有羅鍋）的人。

【原文】

論定人破相

詩曰　相貌之中逢殺曜　更加三合又逢刑　疾厄擎羊逢耗使　折傷肢體不和平

【解析】

論斷人會破相

詩云：福德宮中有煞星，在命宮三合宮位中有刑星（羊陀），在疾厄宮中有擎羊、大耗、天使，這些命格都會折傷四肢，身體受傷，是有血光、不平順的。

【原文】

論定人聰明

詩曰　文曲天相破軍星　計策偏多性更靈　更若三方昌曲會　一

生巧藝有聲名

【解析】

論定人是否聰明

詩云：命宮中有文曲星、天相星、破軍星的人，是性格靈巧，具有計謀策略非常多的人。倘若在命宮三合宮位中再有文昌、文曲來照會，一生會有以特殊才能享受名聲的機會。

【原文】

論定人富足

詩曰　太陰入廟有光輝　財入財鄉分外奇　破耗凶星皆不犯

堆金積玉富豪兒

【解析】

論定人是否有財富充足

詩云：命宮中有太陰居廟的命格，或是有財星在財帛宮的命格，這兩種命格更必須在本宮、對宮、三合四方宮位，都沒有煞星的情況下，就會是富豪，可享受堆金積玉的生活了。

【原文】

論定人貧賤

詩曰　命中吉曜不來臨　火忌羊陀四正侵　武曲廉貞巨破會

一生暴怒又身貧

【解析】

論定人是否貧賤

詩云：命宮中沒有吉星，又有火星、化忌星、擎羊、陀羅在四方宮位中來侵臨。或是有武曲、廉貞（囚星）、巨門（暗星）、破軍（耗星）來相會或同宮（例如武破、廉破等命格，再有煞星在三合、四方宮位相照）。其人會是脾氣暴躁，易怒，而又貧困的人。

【原文】

論定人作盜賊

詩曰　命逢破耗與貪貞　七殺三方照及身　武曲更居遷動位　一生面背刺痕新

【解析】

論定人會不會做盜賊

詩云：命宮中有破軍、貪狼、廉貞等星，又有七殺星在三合宮位為身宮和相照命宮。或者是武曲在巳、亥宮和破軍同宮坐命，這些命格的人，是會犯刑做盜賊、遭刑罰處置的人。

【原文】

論定人一身駁雜

詩曰　吉曜相扶凶曜臨　百般巧藝不通亨　若逢身命遇惡曜

只做屠牛宰馬人

【解析】

論定人無大發展成就

詩云：命宮中有吉星，但又有凶星同宮的人，是所有技藝都不行，沒有正當的生活技能。倘若再有煞星在身宮或命宮中，就只能做屠宰業的粗人了。

10. 定富貴貧賤十等論

【原文】

福壽論　如南人天同、天梁坐命廟旺，主福壽雙全，如北人紫微、武曲、破軍、貪狼坐命旺宮，主福壽。

聰明論　如文昌、文曲、天相、天府、武曲、破軍、三台、八座、右弼，三合拱照，主人極聰明。

威勇論　如武曲、文昌、擎羊、七殺坐命宮，得權、祿，三方又得紫微、天府、左、右拱照，主人威勇。

文職論　如文昌、文曲、左輔、右弼、天魁、天鉞坐命旺宮，又得三方四正科、權、祿拱，主為文官。

武職論　如武曲、七殺坐命廟旺宮，又得三台八座加化權、祿及天魁、天鉞並拱，主為武職。

刑名論　如擎羊、陀羅、火、鈴星，武曲、破軍帶殺加吉，湊合三方四正無凶不陷，主刑名。

富貴論　如紫微、天府、天相、祿、權、科、太陰、太陽、文昌、文曲、左輔、右弼、天魁、天鉞，守照拱沖主大富貴。

貧賤論　如擎羊、陀羅、廉貞、七殺、武曲、破軍、天空、地劫、忌星，三方四正守照拱沖，諸凶併犯陷地，主貧賤。

疾夭論　如貪狼、廉貞、擎羊、陀羅、天空、地劫、火、鈴、忌星，三方守照，主疾夭或疾厄，相貌宮亦然。

僧道論　如天機、天梁、七殺、破軍、天空、地劫，併犯帝座紫微，又或耗殺加臨，主為僧道。

【解析】

第一等以人之福氣、壽命來論定

如果是南方人以天同、天梁居廟旺坐命的人，會有福壽都有至高的命格。如果是北方人，命宮中有紫微、武曲、破軍、貪狼等星居旺坐命的人，會有福壽雙全的命格。

第二等以人之聰明來論定

如果人的命格中有文昌、文曲、天相、天府、武曲、破軍、三台、八座、左輔、右弼同宮或在三合宮位中來拱照的命格，其人會非常聰明。

第三等以人之威武勇敢來論定

如果是武曲、文昌、擎羊、七殺坐命的人，命宮中加化權、化祿，三方宮位中又有紫微、天府、左輔、右弼來拱照，其人是極威武勇敢的。

第四等以人會做文職來論定

如果有文昌、文曲、左輔、右弼、天魁、天鉞居旺坐命，又在命宮的三方、四方宮位中有化科、化權、化祿來拱照的，主其人為文官做文職。

第五等以人做武職來論定

如果命宮中有武曲、或七殺居廟旺之位坐命，三合宮位中又有三台、八座、化權、化祿、天魁、天鉞一起拱照的命格，會做武職。

第六等以人會做法官、律師、或司法人員等職來論定

如果命宮是擎羊、陀羅、火星、鈴星、武曲、破軍又有煞星加吉星同坐命宮，在三合四方宮位中的星不會陷落，也無凶星（凶星是在本命宮中）的命格，主為刑名之人，可做法官、律師、司法人員、執法人員。

第七等以人的富貴來論定

如果命格中有紫微、天府、天相、化祿、化科、化權、太陰、太陽、文昌、文曲、左輔、右弼、天魁、天鉞等在命宮或在對宮相照，或是三合、四方拱照的命格，有大富貴。

第八等以人的貧賤來論定

如果有擎羊、陀羅、廉貞、七殺、武曲、破軍、天空、地劫、化忌星在命格中坐命、守照，或在三合、四方宮位中相拱沖照，各個凶星一起在陷位來照守、拱沖的命格，會一生貧困下賤。

第九等以人會生疾病，短壽而死來論定

如果命格中有貪狼、廉貞、擎羊、陀羅、天空、地劫、火星、鈴星、化忌星在三合宮位中守命或照命，主其人因疾病夭亡，或因疾病主災厄。上述這些星在福德宮中亦會有此情況。

第十等以人會做和倘、道士之命來論定

如果命宮有天機、天梁、七殺、破軍、地劫、天空等星坐命，或是紫微坐命宮又有破軍、七殺等煞星同宮，其人會做僧道之人。（此指紫破、紫殺坐命，三合、四方宮位中有劫空、化忌相照的命格。）

11. 十二宮諸星得地合格訣

【原文】

子安命　子宮貪狼殺陰星　機梁相拱福興隆　庚辛乙癸生人美
　　　　一生富貴足豐榮

丑安命　丑宮立命日月朝　丙戊生人福祿饒　正坐平常中局論
　　　　對照富貴禍皆消

寅安命　寅宮巨日足豐隆　七殺天梁百事通　甲己庚人皆為吉
　　　　男子為官女受封

卯安命　卯宮機巨武曲逢　辛乙生人福氣隆　男子為官縻廩祿
　　　　女人享福受褒封

辰安命　辰位機梁坐命宮　天府戌地最盈豐　腰金衣紫真榮顯
　　　　富華貴耀直到終

巳安命

巳位天機天相臨　紫府朝垣福更深　戊辛壬丙皆為貴
一生顯遂少災侵

午安命

午宮紫府太陽同　機梁破殺喜相逢　甲丁己癸生人福
一世風光廩祿豐

未安命

未命紫武廉貞同　日月巨門喜相逢　女人值此全福壽
男子逢之位三公

申安命

申宮紫帝貞梁同　武曲巨門喜相逢　甲庚癸人如得喜
一生富貴逞英雄

酉安命

酉宮最喜太陰逢　巨日又逢當面沖　辛乙生人為貴格
一生福祿永亨通

戌安命

戌宮紫微對沖辰　富而不貴有虛名　更加吉曜多權祿
只利開張貿易人

亥安命

亥宮最喜太陰逢　若人值此福祿隆　男女逢之皆稱意
富貴榮華直到終

【解析】

在十二宮中各星會居旺主人生有財祿榮貴之命格訣

在子宮坐命　有貪狼、七殺、太陰在子宮坐命的命格，又會有天機、天梁來拱照的人，會有福氣能興隆。庚年、辛年、乙年、癸年生的人，命格美，一生會有富貴、富足、榮耀。

※按庚年祿存在申宮，**貪狼坐命子宮**，又生於庚年，會有祿存在財帛宮，有武曲化權、天相在福德宮，有太陽化祿、天梁在田宅宮，此為富足命格。

辛年生貪狼坐命子宮的人，會有祿存在酉宮（子女宮），太陽化權、天梁在卯宮（田宅宮），為四方相照命宮亦有富足命格。

乙年生貪狼坐命子宮的人，有祿存在卯宮（田宅宮），亦有太陽、天梁化權在田宅宮，此為四方相照命宮，主富足榮昌。

癸年生貪狼坐命子宮的人，癸年生有貪狼化忌在命宮，亦有祿存在命宮，財帛宮是破軍化祿，亦有富足生活。

七殺坐命子宮的人，生於庚年，有祿存在財帛宮，遷移宮中有武曲化權天府，一生生活富裕，富足榮昌。生於辛年的人，祿存在酉宮（子女宮），酉宮中並有天機、巨門化祿同宮（此星四方相照的宮位），會因才華得財。生於乙年，卯宮有祿存（田宅宮），酉宮有天機化祿（子女宮），卯酉宮皆是命宮的四方相照宮位，因此亦有富足生活。生於癸年命宮中會有祿存，子女宮有巨門化權，財帛宮有貪狼化忌，官祿宮有破軍化祿，會有專業技能來生活。

太陰坐命子宮時，是天同、太陰同宮坐命的人。生於庚年，財帛宮會有祿存。命宮是天同化科、太陰化忌，父母宮有武曲化權、貪狼（為『武貪格』，具有暴發運，偏財運），有太陽化祿、巨門在福德宮，一生富足。生於辛年，有太陽化權、巨門化祿在福德宮，有祿存在酉宮（子女宮）一生主富。生於乙年，有祿存在卯宮（田宅宮），有天機化祿、天梁化權在官祿宮，命宮中有太陰化忌，但仍不妨礙富貴榮顯。生於癸年，有祿存和天同、太陰化科一同坐命子宮，卯宮有破軍化祿、廉貞（子女宮）為四方相照命宮。福德宮中有太陽、巨門化權。故富貴全有。

在丑宮坐命

有日月相照的命格（指空宮坐命丑宮、有日月相照），生於丙年、戊年的人有福氣，財祿富饒。命宮中正坐日月兩星的命格，只是平常的格局，以中等命格論之。反而是日月在命宮對宮相照的命格，會有富貴，且能消禍趨福。

※按**空宮坐命丑宮，有日月在未宮相照的命格**，生於丙年、戊年皆有祿存在巳宮，此是官祿宮，會三合照守丑宮的命宮，另外丙年生的人在財帛宮中又有天機化權、巨門。因此三合拱照的權、祿吉星多。生於戊年的人，有祿存、天同居廟在官祿宮，對宮有太陰居陷化權，財帛宮中有天機化忌、巨門、財富比前者稍差，但一生也有食祿和專業技能。

倘若是日月正坐丑宮坐命的人，財帛宮是空宮，雖然丙、戊年亦有祿存會和天梁陷落一同出現在官祿宮。丙年生的人，福德宮有天機化權，會有廉貞化忌在疾厄宮，有暗疾纏身。因有工作才有財祿，財祿不算好，常有起伏。生於戊年的人，命宮中有太陰化權，福德宮有天機化忌、巨門，財帛宮是空宮，官祿宮是祿存、天梁陷落，是故財祿也不多。比較之下，當然是坐命丑宮為空宮，有日月相照的命格反而有富貴了。

在寅宮坐命　陽巨坐命寅宮的人會富足興隆。七殺坐命寅宮，或同梁坐命寅宮的人也很吉利。這些命格以甲年、己年、庚年生的人較吉，男子會做官、女子會因夫得貴有封號。

※按陽巨坐命寅宮，生於甲年有祿存在命宮，但也有太陽化忌在命宮，命格中有『武貪格』暴發運，且有武曲化科在暴發運、偏財運中，主富足。生於己年，官祿宮中有祿存，會三合照守命宮，命格中的『武貪格』中有武曲化祿、貪狼化權，是強勢的暴發格，會暴發極大的財運。其人的福德宮中還有天梁化科、天機。因此一生富足。生於庚年的人，命宮中有太陽化祿，遷移宮中有祿存相照命宮，命格中的『武貪格』中更有武曲化權，能促成強勢的暴發格，可暴發大財運，故主富。

◎七殺坐命寅宮的人，是『七殺仰斗格』的人。生於甲年有祿存在命宮，官祿宮有破軍化權，福德宮有武曲化科，但田宅宮有太陽化忌。命格中有『武貪格』暴發運、偏財運，但仍可主富，貴顯。生於己年的人，官祿宮有祿存，命格中有暴發格『武貪格』，且是武曲化祿、貪狼化權，是第一等的暴發運、偏財運格，故主富貴。生於庚年的人，有祿存在遷移宮和紫府同宮，相照命宮。又有武曲化權在『武貪格』中加速偏財運的暴發，也主富。

◎**同梁坐命寅宮的人**，生於甲年，有祿存在命宮，有太陽化忌在福德宮、化祿、化權皆在閒宮，不算美，有生活之祿而已。生於己年，有祿存和天機居廟在官祿宮（三合照守），有貪狼居陷化權、廉貞居陷在子女宮（四方相照），有天梁化科在命宮，主貴不主富。生於庚年的人，有祿存在遷移宮，有天同化科在命宮，有太陽化祿在福德宮，有武曲化權在父母宮，財帛宮是太陰化忌，故只是生活豐足財不多。

在卯宮坐命

有天機、巨門、武曲在卯宮坐命的人，又生於辛年或乙年生的人，福氣最好。此命格男子做官（指公職）會有豐厚俸祿（薪水高），此命格的女子有福可享，也會受到政府的褒獎、封賞。

※按上述所稱在卯宮坐命的就是機巨同宮坐命，和武殺同宮坐命的命格。

◎**機巨坐命在卯宮的人**，生於辛年有巨門化祿在命宮、對宮（酉宮即遷移宮）有祿存相照，又有太陽化權會相照官祿宮，權祿相逢。命宮機巨居廟旺之位，會以高知識、專業學術地位而做高等公務員，自然薪水也是極高的。乙年生的人，會有祿存在命宮中，而且命宮有天機化祿，是雙祿格局。更有天梁居陷化權在福德宮，因此是財祿多的人，但以公職、學術專業為最佳的出路。

◎**武曲在卯宮坐命**，一定和七殺同宮，武殺同宮坐命，本身就是『因財被劫』的格式，以武職為佳，財不多。但是生於乙年，會有祿存在命宮，官祿宮有紫微化科、破軍，『科祿相逢』主貴，亦有財，以吃公家薪水做武職，會有富貴。辛年生的人，有祿存在遷移宮中和天府居旺同宮，外界的環境財多。又有巨門化祿在子女宮是四方相照命宮，故亦以武職得財，生活較富裕，但比較之下，仍以機巨坐命生於乙年、辛年的人的命格較高，財也多。

在辰宮坐命　有機梁在辰宮坐命，或是有廉府在戌宮相照命宮（此指七殺坐命）的命格是生活豐盛、盈足的人，會有高官榮貴的一生，也會有榮耀富足到老的美運。

※按機梁在辰宮坐命，生於丙、丁、庚年較好，因為生於丙年，會有天機化權在命宮，有天同化祿在財帛宮，做公職，財運不錯。丁年生的人，有祿存在午宮（福德宮），有天機化科在命宮，有太陰化祿、天同化權在財帛宮，此人外表溫文秀氣、聰明，做高等公職人員（有官職）會得大財利。庚年生

的人，會有祿存在官祿宮，有天同化科、太陰化忌在財帛宮，命格中的暴發格『武貪格』中有武曲化權，可暴發極大的財富，做官職會三級跳的升官，一定富足。

◎**七殺坐命辰宮**，對宮有廉貞、天府。外在的環境就是一個富饒的，不需用太多智慧，只要用心打拚便可做好事情，拿到錢財的命理格局。當然，有這麼好的環境，只有從官職，做公務員才能得的到，所以他也是腰金衣紫，可貴顯之人了。況且其財帛宮是貪狼居旺，具有無限錢財上的好運機會。戊、己、庚年生的人，無論男女，都有錢財和事業上的好運，從公職，官高位顯生活豐足。己年生的人，財帛宮有貪狼化權，官祿宮有武曲化祿相照，福德宮是紫微、祿存，命格主富。庚年生的人，有祿存在官祿宮，亦有武曲化權相照官祿宮，亦有太陽化祿、天梁在兄弟宮會從事與政治、軍事相關職業，事業發達，有財祿。

在巳宮坐命　有天機坐命巳宮，或天相坐命巳宮，紫府朝垣指的是太陽坐命巳宮，這三種命格的人，生於戊年、辛年、壬年、丙年皆為貴命，一生較平順無災。

※天機坐命巳宮為居平的命格，對宮是太陰居廟相照，有溫暖多情又富裕的生活環境。是『機月同梁』格的人，以薪水階級或公務員為職業。生於戊年，本命宮有天機化忌、祿存同宮，遷移宮中有太陰化權相照，必定會生活在以女性為主的環境中，且對錢財、房地產有特別掌握的主導權。一生富足，只要注意巳年的流年有『羊陀夾忌』的惡格亦可躲過災害。此命格以陰男、陽女、逆向行大運者，亦可主貴顯富足。生於辛年的人，有祿存在官祿宮，且有太陽化權相照官祿宮，財帛宮中有巨門居陷化祿，有主貴的力量，生活亦富足。生於壬年，有祿存在遷移宮，有太陽、天梁化祿相照官祿宮。有紫微化權在父母宮，會有父蔭，得到很好的工作，而生活富足。生於丙年，有祿存、天機化權在命宮，有天同居陷化祿在財帛宮，生活平順、無災、充足。

◎天相坐命巳宮為居得地剛合格之位。對宮遷移宮有武破相照，環境不算頂好。生於戊年，有祿存在命宮，有貪狼居平化祿。紫微相照官祿宮。有天機化忌、太陰化權相照田宅宮。仍有財庫不豐的問題，也會有家宅不安寧的問題，有衣食之祿，大災免禍。生於辛年，在官祿宮有祿存，有衣食之祿和平順的工作運。生於壬年，有祿存在遷移宮中，有紫微化權、貪狼相照官祿宮，但也有武曲化忌在遷移宮，有衣食之祿，但錢財不多，依然會有財務上的問題。生於丙年，有祿存在命宮，有天機化權、太陰居旺相照田宅宮，此為稍為富有一點的命格。

（天相居巳宮的命格，因天相是勤勞的福星，故多操勞、多做事，皆有平順的工作運和財運，但離大富距離甚遠。）

◎太陽坐命巳宮的人，因四方之位有紫府來朝，紫府在田宅宮，故財庫豐滿，房地產會很多。戊年生的人有祿存在命宮，又有太陰化權在官祿宮，且有貪狼化祿在『武貪格』中，主暴發財運的機會多，暴發力旺盛，一生財運和事業運好，主富。但福德宮有天機居陷化忌，宜防操勞過度，而享不到福。生於辛年，有祿存在官祿宮，其本命就是太陽化權，又有巨門化祿在遷移宮，故此命主大富貴，一生富足，地位高。生於壬年，遷移宮中有祿存，財帛宮有天梁化祿，田宅宮有紫微化權、天府，主富。但『武貪格』暴發運中有武曲化忌，故暴發運不發，只會有生活舒適、富足的人生。生於丙年，有祿存在命宮，有天同居平化祿相照官祿宮，有天機居陷化權在福德宮，為人固執、保守，只有一般富足的生活而已。

在午宮坐命

在午宮坐命的人有紫微單星居廟坐命、武府坐命、太陽單星坐命、天機坐命、天梁坐命、破軍坐命、七殺坐命，這七種命格的人生於甲年、丁年、己年、癸年，會有榮貴的一生，做公務員，可做高官，有優厚薪資。

※按紫微坐命午宮，為居廟地，本命就很威嚴、強勢，生於甲年，財帛宮有武曲化科、天相、祿存，官祿宮有廉貞化祿、天府，福德宮有破軍化權，是對工作非常積極的人，紫微星為官星，因此做高等公務員為官，定有高薪厚祿，生活豐美，唯有子女宮有太陽化忌、天梁，會相照田宅宮，有與家中男子（包括其父、其子、兄弟）有不和現象。

生於丁年，有祿存在命宮，生活富裕，但保守。生於己年，命宮中有祿存，財帛宮中有武曲化祿、天相，遷移宮中有貪狼居旺化權，一生運好，掌權機會大，財祿佳。生於癸年，有祿存和貪狼化忌在遷移宮，有破軍化祿在福德宮，定有特殊技能唯生，亦可富裕生活，但人緣不佳，官運不算好。

◎武府坐命午宮，雙星皆居旺位，其人主富、性格保守，故會為公職。生於甲年有祿存、廉貞化祿在財帛宮，本命有武曲化科在命宮，有破軍化權在夫妻宮會相照官祿宮，官祿宮又是紫相。故一生財多、事業發達，且有衝勁喜打拚事業。生於丁年，有祿存和武府同在命宮，性格更為保守、拘謹，但有財，亦有專業技能，唯田宅宮有巨門化忌、天機，家宅不寧，有被家人欺侮的感覺。生於己年，有祿存、武曲化祿、天府在命宮，又有貪狼化權在福德宮。命宮中有雙祿，為主富格局，天生亦有把握主控好機會的特性，會在財稅機關做高薪之職，亦可做專業經理人，十分富有。生於癸年，會有祿存在遷移宮，有破軍化祿相照官祿宮，有巨門化權、天機在田宅宮，有貪狼化忌在福德宮，主其人奔波操勞，人緣不佳，有專業技能，生活還富足。

◎太陽坐命午宮，為居旺。太陽是官星，故做公職好。生於甲年，有太陽化忌在命宮，有祿存在財帛宮。有武曲化科，破軍化權在兄弟宮，此為閒宮。故甲年生的人，只會有專業技能來生活，屬平常人之命。丁年生的人，有祿存在命宮，有太陰化祿、天機化科相照財帛宮，財帛宮是空宮。官祿宮是巨門陷落化忌，財運也不算好，只為一般人之命格。

己年生的人，有祿存在命宮，有武曲居平化祿、破軍在兄弟宮，有貪狼居平化權、紫微同在田宅宮，有天梁化科在遷移宮，除了有美好的貴人運之外，生活有普通人的富足，因權祿在閒宮且居平陷之位而無用，對家產有權支配，但對自己沒有利益可言。

癸年生的人，有祿存在遷移宮，有巨門居陷化權在官祿宮，有太陰居平化科相照財帛宮，田宅宮是紫微、貪狼化忌，一生在事業上多競爭，喜掌權，力道不夠。錢財尚可，不算豐裕，且家產無緣，只為一般人之命格。須辛勞打拚，可有常人之生活水準。

◎天機坐命午宮為居廟位。甲年生的人有祿存和同梁同宮在財帛宮，有廉貞化祿、貪狼在僕役宮，有紫微、破軍化權在父母宮，有武曲化科、七殺在子女宮。科、權、祿皆在閒宮，無用。有太陽化忌相照官祿宮，天機坐命午宮的人，是『機月同梁』格，只有財帛宮有祿存，故只為一般平常人之命格，生活充足而已。

生於丁年，有祿存、天機化科在命宮，有太陽化祿在官祿宮，有天同化權、天梁在財帛宮，有巨門化忌在遷移宮，此是相貌溫文瘦弱，臉上有痣或斑點、胎記的人。會做與金錢、地產、財經方面的工作、薪資厚祿，生活較豐裕，但一生是非口舌多，且多煩惱之命格。

生於己年，有祿存在命宮，有武曲化祿、七殺在子女宮，有廉貞，貪狼化權在僕役宮，皆閒宮又陷落，為無用。有天梁化科、天同居財帛宮，生活平順，小有財運，生活充足，但多是非。

生於癸年，有祿存和巨門化權在遷移宮，在外打拚工作，有力量，易貴顯。亦有太陰化科在官祿宮，可有名聲美好的職業。

◎**天梁坐命午宮為居廟位**。甲年生的人，有祿存和機陰同在財帛宮，有太陽化忌在遷移宮，外緣關係及前途皆不算好。亦為『機月同梁』格，做公職，薪水族，生活豐足。有廉貞化祿、七殺在父母宮，有破軍化權、武曲在僕役宮，權祿皆在閒宮，只居平位，無用。

生於丁年，有祿存在命宮，有太陰化祿、天機在財帛宮，有天同居平化權在官祿宮，亦有巨門化忌會相照官祿宮，此為薪水階級中較富有一點的命格。

生於己年，有祿存、天梁化科在命宮，其他如有武曲化祿，破軍在僕役宮，有貪狼居平化權、紫微在子女宮，權祿在閒宮為無用。只為有名士之風之常人命格。

生於癸年，有祿存在遷移宮，有太陰化科、天機在財帛宮，權祿也在閒宮。（如破軍化祿、武曲在僕役宮，巨門化權在夫妻宮）皆無用，只為平常人之命格。

◎**破軍坐命午宮**，為居廟位，甲年生的人有破軍化權在命宮，是十分強勢的命格，又有祿存和七殺在財帛宮，有廉貞化祿、天相在遷移宮，有武曲化科在『武貪格』暴發運中，且武曲化科可相照官祿宮，故做公職、武職，是財宮並美的格局，會有大權勢和富貴。

生於丁年，有祿存和破軍同宮，有太陰化祿在田宅宮，有天同居平化權在子女宮，此皆閒宮無用，命格的層次較差，只為一般人有衣食之命格。

生於己年，有祿存在命宮，『武貪格』中有武曲化祿、貪狼化權，為極強的暴發運。有升級、創造財富的超強命格。而且貪狼化權在官祿宮，做武職，或做生意人，皆富貴同高。

生於癸年，有破軍化祿在命宮，有祿存在遷移宮，有太陰化科在田宅宮。有巨門化權在僕役宮，為閒宮無用。亦有貪狼化忌在官祿宮，此命格有特殊技能可謀生，但一生起伏，主富裕，官職低。

◎七殺坐命午宮為居旺，生於甲年，有祿存、貪狼居平在財帛宮，有武曲化科、天府在遷移宮，有破軍化權在官祿宮，可在具有高科技、高薪水，銀行金融行業中任職，工作十分打拚努力，財運亦佳。

生於丁年，有祿存在命宮，有太陰化祿在疾厄宮，天同居廟化權在僕役宮，天機化科在子女宮，科、權、祿全在閒宮為無用，為一般平常人之命格。

生於己年，有祿存在命宮，有武曲化祿在遷移宮，有貪狼居平化權在財帛宮。權祿相逢，生活富裕，比生於丁年的人命好。

生於癸年，有祿存和武府同在遷移宮，有破軍化祿在官祿宮，有貪狼化忌在財帛宮，外界環境雖好，有財、並財多，可是此人賺不到，仍是有金錢困擾之人。

在未宮坐命

在未宮坐命的有紫破坐命、武貪坐命、廉殺坐命、日月坐命、同巨坐命這五種坐命的人。為女命時，有福有壽。為男命時，有高官之貴。

※按紫破坐命未宮的人，生於甲年、乙年、戊、己年較好。生於甲年有破軍化權在命宮，有武曲化科、七殺在財帛宮，有廉貞化祿、貪狼在官祿宮，

從軍警職較好，會有發展。

生於乙年，有祿存在財帛宮，命宮中有紫微化科，有太陰化忌在田宅宮，其人長相較斯文，但一生平順，財不算豐富，可夠生活，無家財可守。

生於戊年，官祿宮有貪狼化祿，亦有祿存在夫妻宮相照官祿宮，在田宅宮中有太陰化權，房地產多，職位不高，但有小財祿。

生於己年，有武曲化祿、七殺在財帛宮，官祿宮有貪狼居陷化權、廉貞權、祿在財官二位相逢，但因居平陷位，可有一定的工作成就，稍有衣食之足。

◎**武貪坐命未宮**，是雙星居廟旺，本命就是『武貪格』，具有極大的暴發力量，生於甲年、乙年、戊年、己年、庚年的命格最佳。

生於甲年，在命宮中有武曲化科，在財帛宮有廉貞化祿、破軍化權，其人性格剛強，對賺錢有興趣，會為錢財打拚，為大起大落的命格。

生於乙年，在財帛宮有祿存、廉破同宮，田宅宮有天機化祿、天梁化權，有祖產豐富，且在官祿宮有紫微化科、七殺，注重名聲，為衣食充足之人。

生於戊年，有貪狼化祿在命宮，有祿存在夫妻宮、相照官祿宮，但有天機化忌在田宅宮，不算美，家產多糾紛，靠自己打拚較會富足。

生於己年，有武曲化祿、貪狼化權在命宮，亦有天梁化科在田宅宮，一生暴發運強，主為大富命格，家財豐富。

生於庚年，有武曲化權，貪狼在命宮，主其人會朝向政治、財經方面發展，也具有特強的『武貪格』暴發運，會在未年暴發，一生有大富大貴的人生，但起落分明。做武職可有貴品之職，從商會得大富。

◎廉殺坐命未宮，本命是廉貞居平，七殺居廟。生於甲年、乙年、戊年、己年的人，做武職和公職，生活豐足，有出息。

生於甲年，有廉貞化祿在命宮，有破軍化權、武曲在官祿宮，但會有擎羊在財帛宮。一生重事業，做軍警職較佳，有固定薪水，生活充足。

生於乙年，有祿存和紫微化科、貪狼在財帛宮，有太陰化忌、天機在疾厄宮，身體較差，但手邊的錢財順利。

生於戊年，有貪狼化祿、紫微在財帛宮，一生錢財順利，會賺名聲好、體面的錢財。

生於己年，有武曲化祿、破軍在官祿宮，有紫微、貪狼化權在財帛宮，財宮二位有權祿相逢，主其人能在事業上打拚賺到錢。也能在軍警機關管財務。

◎**日月坐命未宮**，太陽在得地之位，太陰居陷，是主貴的命格，生於乙年、丁、戊、庚、辛、壬年主順利，生活富足，事業有成。

生於乙年，有祿存在財帛宮，有天梁居陷化權在官祿宮，有天機居旺化祿、巨門在福德宮，有紫微化科、天相在田宅宮，但命宮有太陰化忌，主其人有專業才能，主富、多房地產。

生於丁年，有太陰居陷化祿、太陽、擎羊在命宮，有天同化權在夫妻宮，會相照官祿宮，有天機化科、巨門化忌在福德宮。此命格一生多煩惱、略有財，但房地產雖多，常會有是非困擾。一般事業尚可。

生於戊年，有太陰化權在命宮，有天機化忌、巨門在福德宮，有貪狼化祿在父母宮，有紫相在田宅宮，一生對錢財和女性有主導能力，但仍有變化和是非麻煩，與父母的關係尚可，房地產多，為善通常人命格，一定是薪水族的人。

生於庚年，有太陽化祿、太陰化忌在命宮，有天同化科在夫妻宮，會相照官祿宮，有武曲化權、天府在兄弟宮為閒宮，無用。此命格主其人能做公職、薪水族，而慢慢貴顯。

生於辛年，有太陽化權在命宮，有祿存、天機、巨門化祿在福德宮，主其人天生富貴，能掌權、口才好、機智伶巧、升官速度快，有財有祿。

生於壬年，有祿存、天梁居陷化祿在官祿宮，田宅宮有紫微化權、天相。主其能因工作帶來財富，並且能承襲的家產多，自置更豐，會做公職。

◎巨門坐命未宮時為同巨坐命，雙星皆在陷位生於乙年、丙年、丁年的人稍有福。此命女子靠夫婿而生活，此命的男子較懶散，受人照顧，事業心不強。

生於乙年，有祿存在財帛宮，有天機化祿在官祿宮，有太陽、天梁化權在福德宮，有固定職業，可有財祿，一生有貴人運，受人照顧頗多。

生於丙年，有天同居陷化祿、巨門在命宮，有天機居平化科在官祿宮，為人較圓滑，稍有能力，有衣食之祿。

生於丁年，有天同化權、巨門化忌、擎羊在命宮，有天機居平化科在官祿宮，夫妻宮有太陰陷落化祿，會相照官祿宮，一生多勞碌奔波，是非爭鬥，財官卻不算美，為衣食而奔波。此命女子靠夫婿、家人而生活，此命的男子，事無成。

在申宮坐命

在申宮坐命的有紫府坐命、廉貞坐命、同梁坐命、武相坐命、陽巨坐命等五個命格。生於甲年、庚年、癸年的較佳，會有富貴。

※按紫府坐命申宮的人，財帛宮是武曲居廟，官祿宮是廉相，本身就是主富貴的人。

生於甲年，會有祿存在遷移宮相照命宮，會有武曲化科在財帛宮，會有廉貞化祿在官祿宮，會有破軍化權在夫妻宮相照官祿宮，一生事業好，財富多，人生以主富為主。

生於庚年的人，有祿存在命宮。有武曲化權在財帛宮，有太陽化祿在子女宮，相照田宅宮，一生主富，為富豪之人，能掌握大錢財。

生於癸年，有祿存在官祿宮，有巨門化權在田宅宮，房地產多，且對祖業有主控權，亦有破軍化權會相照官祿宮，一生主富，會在事業上打拚。

◎廉貞居廟坐命申宮，其本身的財帛宮是紫相，官祿宮是武府，在事業上可創造極大財富。廉貞是官星，因此做高級公務員，或政治圈內發展，會有高薪，生活富裕。

生於甲年，有廉貞化祿在命宮，遷移宮中有祿存，福德宮中有破軍化權，官祿宮中有武曲化科、天府。其人一生愛打拚，命宮有雙祿同度，故一生主富，事業會做得很大，很漂亮。

生於庚年，有祿存在命宮，有武曲化權、天府在官祿宮，一生主富，對錢財有特殊主控權，財官並美。

生於癸年，有祿存在官祿宮，有破軍化祿在福德宮，有貪狼化忌在遷移宮，此命格比前者較差，因為在外環境多是非、不利，但仍有財祿，也不及前者多。

◎**同梁坐命申宮**，是天同居旺，天梁居陷。此命格是享福多、打拚能力不強，較懶散的人。財帛宮是太陰居陷，官祿宮是天機居廟，也是『機月同梁』格，以薪水階級為主。

生於甲年，有祿存在遷移宮，有廉貞化祿，貪狼在子女宮，有紫微、破軍化權在僕役宮，皆為閒宮，無用。故同梁坐命申宮生於甲年只稍有食祿生活而已。

生於庚年，會有祿存在命宮，有天同化科在命宮，有太陽化祿在福德宮，命福有祿，主命好，享福，有衣食之祿而已。

生於癸年，有祿存、天機在官祿宮，有太陰化科在財帛宮，亦有巨門化權相照官祿宮，故奔波努力工作，好勝心強，可略有成就。

◎**武相坐命申宮為命格**，生於甲年，有武曲化科在命宮，有祿存和破軍化權在遷移宮，相照命宮。財帛宮是廉貞化祿、天府。科、權、祿相逢，會有官貴，財官並美，而且化科在命宮，其人長相氣質都特別高貴、文質彬彬，善文墨。

生於庚年，命宮有武曲化權、祿存、天相，是十分強勢的命格，會從政治方面的工作，可顯貴，也多財富。

生於癸年，有破軍化祿在遷移宮，有祿存和紫微在官祿宮，可惜有貪狼化忌，相照官祿宮，財富沒有生於甲、庚年的命格多，官運亦無較前二命格好，只為一般常人命格。

◎**陽巨坐命申宮**，太陽在得地之位，巨門居廟，生於甲年，有太陽化忌在命宮，有祿存在遷移宮，有廉貞化祿、破軍化權在疾厄宮，武曲化科在兄弟宮，科、權、祿全在閒宮，為無用。只為一般常人命格，有衣食溫飽而已。（仍有『武貪格』偏財運）

生於庚年，有太陽化祿、祿存在命宮，有武曲化權在『武貪格』偏財運格中，可暴發強勢的偏財運，一生財較同是陽巨坐命的人多，生活豐足，但並不見得可成大富之人。

生於癸年，有巨門化權在命宮，有祿存在官祿宮，有太陰居平化科相照官祿宮，『武貪格』中有貪狼化忌，故暴發運、偏財運不發，只為一善口舌，具有說服力之常人命格，做業務工作有利，有衣食溫飽。

在酉宮坐命

在酉宮坐命的，最好的是太陰坐命酉宮，或者是空宮坐命有機巨相照的命格和空宮坐命有陽梁相照的命格，這三種命格，生於辛年、乙年為貴格，一生多福祿，永保亨通。

※按太陰坐命酉宮為居旺，太陰是田宅主多房地產，主富。其田宅宮為巨門居旺，亦是多房地產的格局。

生於乙年，命宮中有太陰化忌，遷移宮中有祿存、天同，官祿宮有天梁居旺化權，夫妻宮有天機居陷化祿，會相照官祿宮，其人會有特殊技能，本命是『機月同梁』格，做公務員、薪水族的命格。故慢慢積存，漸有財富。事業上有大發展，並得貴人運而居貴顯之位。

生於辛年，有祿存和太陰居旺在命宮，財帛宮是太陽化權，田宅宮是巨門化祿，其人對財經、金融能掌握得很好，可是這方面主貴，且居家多財數、有眾多房地產，財庫豐滿，財官並美。

◎空宮坐命有機巨相照的命格，命宮中最好是有祿存、文昌、文曲或天魁、天鉞、左輔、右弼等星進入，不要是羊、陀、火、鈴、劫、空等星進入的命格。有六吉星進入的命格，再有居廟旺的機巨相照，很容易形成『陽梁昌祿』格，可主貴，有學識、高學歷、走官途。

生於乙年，遷移宮中有祿存、天機化祿、巨門相照。財帛宮中有天梁陷落化權，官祿宮中有太陽居陷，太陰居廟化忌，做公務員、薪水族，生活安定，可為小吏。

生於辛年，有祿存在命宮，有巨門化祿、天機遷移宮，有太陽化權、太陰在官祿宮。命宮有雙祿相逢，命格中又有權祿相逢，可財官並美，有貴顯之位，為高級幕僚官員。

◎**空宮坐命有陽梁相照的命格**，空宮中宜進入祿存、昌、曲、左、右、魁、鉞、天空。天空坐命酉宮，有陽梁相照的命格稱為『萬里無雲』的貴格，有大仁義，為國為民。　國父孫中山先生即是此命格的人。有其他煞星入命者不佳，有剋害。有吉星入命者，容易形成『陽梁昌祿』格，具有學識，有官貴顯位。

生於乙年，有祿存、太陽、天梁化權相照命宮，有天機居平化祿在財帛宮，有太陰化忌在福德宮，一生命格以主貴為主，有財運，但不善理財，易散財或耗財，宜從事慈善事業，有名聲貴顯。

生於辛年，有祿存在命宮，有太陽化權，天梁相照命宮，權祿相逢可貴顯，亦主富。

在戌宮坐命　在戌宮坐命的紫相坐命的命格，會有辰宮破軍來對沖，此命格的人是主富不主貴的人，也徒有虛名。倘若三合方位多吉星和化權、化祿，只會成為精通貿易做生意的人。

※**紫相坐命戌宮**，雙星皆在得地剛合格之位。其財帛宮有武府，官祿宮為

廉貞，必須運用智慧，善加籌謀去賺錢。

生於甲年，有祿存、廉貞化祿在官祿宮，有武曲化科、天府在財帛宮，有破軍化權在遷移宮，科、權、祿相逢，主因富得貴。

生於庚年，有武曲化權、天府在財帛宮，主能掌握錢財。

生於己年有祿存和武曲化祿、天府在財帛宮，有貪狼化權在夫妻宮，會相照官祿宮，主富，但怕妻，宜做商人。

在亥宮坐命

在亥宮坐命，以太陰坐命居廟最佳，有化忌入命也不怕，為『變景』，亦可有作為，為人溫和福厚，從官職，有榮華。

※太陰坐命亥宮

※太陰坐命亥宮，為居廟位。財帛宮是空宮，官祿宮是陽梁，這是標準的『機月同梁』格，必須以公務員、薪水階級為主的命格。有『陽梁昌祿』格的人，可主貴，有貴顯之位，一世榮華。

生於乙年，命宮中有太陰化忌，為變景。有祿存、太陽、天梁化權在官祿宮，主貴後得財。

生於丁年，有太陰化祿在命宮，福德宮有天同居陷化權、巨門。遷移宮中有天機化科。其人長相漂亮、有人緣、有福氣、有衣食之祿。

生於戊年，有太陰化權在命宮，有祿存、天機化忌在遷移宮，會相照命宮。為人固執保守，對錢財有掌握能力，但多是非。

生於辛年，有太陽化權、天梁在官祿宮，又在夫妻宮有祿存，可相照官祿宮，主有官貴，可掌權。並有天同、巨門陷落化祿在福德宮，有口才，可化解爭鬥。

12 十二宮諸星失陷破格訣

【原文】

十二宮諸星失陷破格訣

子丑安命　子午天機丑巨鈴　此星落陷果為真　縱然化吉更為美

任他富貴不清寧

寅安命　寅上機昌曲月逢　雖然吉拱不豐隆　男為伴僕女娼婢

若非夭折即貧窮

卯辰安命　卯上太陰擎羊逢　辰宮巨宿紫微同　縱然化吉非全美

若非加殺到頭凶

巳安命　巳宮武月天梁巨　貪宿廉貞共到蛇　三方吉曜皆不貴

下賤貧窮度歲華

午安命　午宮貪巨月昌從　羊刃三合最嫌沖　雖然化吉居仕路

橫破橫成到老窮

未安命　未宮巨宿太陽嫌　縱少災危有剋傷　勞碌奔波官事至
隨緣下賤度時光

申酉安命　申宮機巨為破格　男人浪蕩女人貧　二宮若然桃花見
男女逢之總不榮

戌安命　戌上紫破若相逢　天同太陽皆主凶　若還孤寒更夭折
隨緣勤苦免貧窮

亥安命　亥宮貪火天梁同　飄蕩浪子走西東　若還富貴也年促
不然隸僕與貧窮

【解析】

在十二宮中坐命主星陷落、破格真訣

在子宮、丑宮坐命

在子宮天機坐命的命格，對宮（午宮）有巨門相照，其財帛宮為天同居旺、天梁居陷。官祿宮是太陰居陷位，是『機月同梁』格，必須做薪水族賴以維生，生於乙年，官祿宮有太陰化忌，並有『羊陀夾忌』的惡格，雖然命宮有天機化祿，財帛宮有天梁居陷化權，仍不為美，須防性命之憂。

在丑宮坐命的同巨坐命的命格，雙星俱陷落再加鈴星在命宮，必須要小心是非災禍，有性命之憂，亦有自殺的可能，因此居陷不吉是肯定的了。上兩個命格縱然是有吉星或加權祿，因有巨門暗曜的關係，即使是有錢之人，也多是非災禍，不安寧的。

※按**天機坐命子宮的命格**，比較好的，是生於丙年、丁年的人。生於丙年有天機化權在命宮，有天同化祿、天梁在財帛宮。生於丁年的人，有祿存、巨門化忌在遷移宮，有天機化科在命宮，有天同化權在財帛宮。有太陰居陷化祿在官祿宮，一生有財祿，但多是非災禍。

◎**同巨門坐命丑宮的人**，財帛宮是空宮，官祿宮是天機居平陷之位，再有鈴星同宮，為不吉。因為同巨坐命丑宮的人，無事業，工作能力不強，多靠家人生活，有鈴星在命宮時，火星會在夫妻宮、官祿宮、僕役宮出現，六親有傷剋，不吉。生於丙年、辛年的人，命稍好，有財祿，但仍多是非口舌。

生於丙年，有天同化祿在命宮，有祿存、天機化權在官祿宮，會有工作，可得財，有衣食之祿。

生於辛年，有巨門化祿在命宮，有祿存在財帛宮，有太陽化權、天梁在福德宮，有財祿，生活較充足。

坐命寅宮

坐命寅宮有機陰坐命，再有文昌、文曲在命宮的人，雖然有吉星拱照，仍不會豐足，因為昌、曲在寅宮居陷的關係，言語、相貌、智貌、財運皆不佳。此命格的男子為僕人之命，女子為婢女、娼妓之命格。三方多刑殺惡星，會夭折、貧窮。

坐命卯宮、辰宮

卯宮中有太陰、擎羊坐命宮的人，和辰宮中有巨門居陷坐命的人，縱然有吉星同宮或相照，也會有問題。若有凶星、殺星侵臨，一定有凶禍產生。

◎**太陰、擎羊坐命卯宮的人**，是甲年生的人，命宮中太陰居陷，擎羊也居陷位，極凶，有短命之虞，其人財帛宮是太陽陷落化忌，官祿宮是天梁居旺，為薪水族之人。財運不豐，且有困擾。權、祿、科皆在閒宮，無力。主窮困、潦倒、短命，但仍有『武貪格』偏財運格，戊、己年生人會較佳。

◎巨門坐命辰宮居陷的人，財帛宮是太陽居陷，官祿宮是空宮，庚、辛、癸年生的人較好。

庚年生的人，有祿存在官祿宮，有太陽化祿在財帛宮，有天同化科在遷移宮。

辛年生的人，有巨門化祿在命宮，有太陽居陷化權在財帛宮。

癸年生的人，有巨門化權在命宮，財帛宮有祿存、太陽陷落。有財祿。

坐命巳宮

在巳宮坐命有武破坐命、太陰居陷坐命、天梁居陷坐命、巨門居旺坐命、廉貪坐命，六個命格，縱然三合宮位中有吉星都不主貴，會貧窮、低賤度歲月。

※按**武破坐命巳宮時**，武破皆居平陷之位，是『因財被劫』的格式，其財帛宮是廉殺，官祿宮是紫貪。以武職工作為佳。戊、己年生的人，較有財祿，可夠生活。

戊年生的人，有祿存在命宮，有貪狼化祿、紫微在官祿宮，賺錢機會稍多，有衣食之祿。

己年生的人，有武曲居平化祿在命宮，有貪狼化權、紫微在官祿宮，亦有生活之祿。

◎**太陰坐命巳宮的人**，為居陷。財帛宮是空宮，官祿宮是太陰居平，天梁在得地之位，工作能力不強，又無財運。生於丙年、丁年、戊年、辛年的人命稍好。

生於丙年，有祿存在命宮，有天機居平化權在遷移宮，有天同居陷化祿在福德宮。有衣食之祿，不會為乞。

生於丁年，有太陰居陷化祿在命宮，有天機化科在遷移宮，有天同化權、巨門化忌在福德宮。其人長相較文質、美麗、聰明，但一生多是非，有衣食之足。

生於戊年，有祿存、太陰化權在命宮，也有天機化忌在遷移宮，外在的環境不佳，多是非災禍，但命中有財，可足夠生活。

生於辛年，有祿存、太陽化權在官祿宮，有巨門化祿、天同在福德宮，努力工作，會有衣食之祿。

◎**天梁居陷坐命在巳宮**，其財帛宮是太陽陷落，太陰居廟，其官祿宮是空宮，故工作時間不長。生於丙、丁、戊、辛、壬年較佳。

生於丙年，有祿存在命宮，有天同化祿在遷移宮，雙祿相逢，財運好。

生於丁年，有太陽化祿，太陽在財帛宮，有天同居廟化權在遷移宮，能享福，有衣食之祿。

生於戊年，有祿存在命宮，有太陰化權、太陽在財帛宮，能掌錢財，有衣食之祿。

生於辛年，有祿存在官祿宮，有太陽化權、太陰在財帛宮，此命格較會工作，自己賺錢，有食祿。

生於壬年，有天梁居陷化祿在命宮，有祿存、天同居廟在遷移宮，有太陰居廟化科、太陽居陷在財帛宮，稍為富有，衣食充足之命。

◎**巨門居旺坐命巳宮**，其財帛宮為天機陷落，財運不佳。其官祿宮為天同居平位，故工作以薪水族為主，打拚奮鬥能力不強。

生於辛年，命宮有巨門化祿，官祿宮有祿存、天同，有太陽居陷化權在還移宮中，做幕僚人員，或幕後工作，會有財祿。

◎**廉貪坐命巳宮**，雙星俱落陷。其財帛宮為紫破，官祿宮為武殺以武職為業稍佳。因遷移宮為空宮，若有地劫，天空在遷移宮或命宮出現，一生貧窮、無靠。生於甲年、戊年、辛年的人，命稍好。

生於甲年，命宮中有廉貞化祿，財帛宮有紫微、破軍化權，官祿宮有武化科、七殺。『命、財、官』有科、權、祿，奔波忙碌有衣食。

生於戊年，有祿存、貪狼化祿在命宮，較為有財。

生於辛年，有祿存在官祿宮，有太陽化祿在僕役宮為閒宮，努力工作，有衣食溫飽。

坐命午宮

午宮有貪狼坐命、巨門坐命、同陰坐命，三個命宮若有文昌同宮，三合宮位再有擎羊星來拱沖相照，縱然有吉星和『陽梁昌祿』主貴的格局，可從官途，但也會因暴起暴落，老時依然窮困。

※按有**文昌在午宮同坐命宮**，因文昌在午宮落陷，故不吉，帶凶，無財無貴，無福祿。再有擎羊在三合宮位中照臨，這是丙年生、戊年生、辛年

生、壬年生的人會遇到，有破財、血光之事，窮命加血光災禍纏身，自然會到老窮困的了。

丙年、戊年擎羊在午宮，會在命宮中。辛年，擎羊在戌宮，會在官祿宮中。壬年擎羊在子宮，會在遷移宮中，此皆不吉。

◎**貪狼坐命午宮**，生於辰時，文昌會在命宮中出現，再生於丙、戊、辛、壬的年份，主貧窮無好運，但生於申、子、辰年之人有『火貪格』暴發運（暴發運），因有火星在命宮，會暴起暴落，最後仍是無財。

◎**巨門坐命午宮**，本命居旺，財帛宮是空宮，官祿宮是太陽居陷。『命、財、官』中有擎羊，本命宮中有文昌居陷，都是有傷財運的事，本命財就不強了，再有傷剋，主窮困。

◎**同陰在午宮坐命**，雙星居平陷，再有文昌陷落入命宮，三方再有擎羊，更凶。其財帛宮為空宮，官祿宮為機梁，擎羊只會出現在其命、遷、官等宮位，貧窮加傷剋，真是到老窮了。

坐命未宮

在未宮有同巨坐命、日月坐命兩個命格，即使災厄少，也有傷剋。一生是非多、官非不斷，勞碌奔波，運不好時，即落入社會底層。

◎**同巨坐命未宮本命居陷**，財帛宮是空宮，官祿宮是天機陷落。一生無大出息。工作能力差，福星落陷和暗星落陷同宮，主是非口舌、災禍不斷，且勞碌。陰男、陽女逆向行大運者，較不吉，多弱運。容易落入低層社會之中。

◎**日月坐命未宮**，命宮中太陽在得地之位，太陰居陷，無財。因福德宮中是天機、巨門，一生多是非，另有官非問題，且遷移宮是空宮，外界環境，模糊不清，也會影響其人的主觀意識，判斷能力，中年以後運都不好。

坐命申宮和酉宮

坐命申宮有機陰坐命，坐命酉宮有機巨坐命，皆為破格。男子容易浪跡天涯，女子會貧困。倘若再有桃花星在命宮，則會因桃花敗德，有不名譽的事情發生。

◎**機陰坐命申宮時**，天機在得地地之位，太陰居平，是財少的命格。其財帛宮是天同居平，官祿宮是天梁居廟，為『機月同梁』格，必做薪水族以維生。有桃花星在申宮，桃花屬水，水長生在申，故有桃花星和機陰同宮在申宮，桃花泛濫，為人不潔，多淫亂。本身財窮，又有桃花劫煞，會為桃花破財，毀壞名聲，或做不光彩的事。

◎**機巨坐命酉宮**，機巨本為『破蕩格』會白手起家，不依祖業，其人的財帛宮是天同居廟，官祿宮為空宮，工作能力不強，是『機月同梁』格，薪水族的成員，財不豐，又命坐桃花敗地酉宮，再多見桃花星，亦會有淫禍之事，而喪德敗名。

坐命戌宮

坐命戌宮，有紫相坐命、破軍坐命、天同居平坐命、太陽居陷坐命皆不吉，若命格主孤，易夭折（有羊、陀、火、鈴、劫、空在命宮）。只要運好，有奮鬥打拚的能力，才可免於貧苦。（命、財、官要有科、權、祿等星三合照守才行。）

◎**紫相坐命戌宮的人**，生於乙、辛年有擎羊在遷移宮和命宮皆不好。生於丙年、戊年、辛年有擎羊在財帛宮、官祿宮。壬年生的人有武曲化忌在財帛宮，皆主財運不佳。生於丁年、己年的人有祿存在財帛宮，有武曲化祿在財帛宮。生於庚年有武曲化權、天府在財帛宮最好，財運豐富，主富。

◎破軍坐命戌宮，其財帛宮為七殺居旺，官祿宮為貪狼居平。生於丙年，有擎羊在財帛宮。生於辛年有擎羊在命宮，皆不佳，生於癸年有貪狼化忌在官祿宮也不好。生於甲年有破軍化權在命宮，有祿存在官祿宮。己年生的人，有貪狼化權在官祿宮，有武曲化祿、天府在福德宮，命格較佳。有財祿。辛苦有成。

◎天同坐命戌宮為居平位。對宮有巨門陷落相照，一生環境不佳，多是非爭鬥。辛年生有擎羊在命宮，為破格短命之格。丙、戊年生人有擎羊、天梁在財帛宮，財不順。乙、庚年有太陰化忌，戊年生有天機化忌在官祿宮，主工作運有傷剋，此皆不吉。較吉的命格有丁年生、己年生的人，有祿存在財帛宮，丁年生的人，且有天同化權在命宮，有天機化科、太陰化祿在官祿宮。但是遷移宮有巨門居陷化忌，是非爭鬥多，環境不良，較辛苦。己年生的人，財帛宮有天梁居廟化科可得貴人財，工作有成。

◎**太陽坐命戌宮時**，居陷位。其財帛宮是巨門居旺，官祿宮是空宮，打拚能力不足，易貧困。尤其生於辛年，有擎羊、太陽居陷化權在命宮，其人財帛宮為巨門化祿，財祿雖好，會因性格強硬、固執，遇不順利之事有自殺之虞，故不吉。一生鬱鬱寡歡，煩惱多。生於丙、戊年會有擎羊在財帛宮，財運不順。且中年懶惰，容易落入貧窮之地。

坐命亥宮

坐命亥宮有廉貪坐命、或火星坐命、和天梁坐命的三個命格的人，會四處飄蕩，東西奔波，若富貴也會暴起暴落。不然就是貧窮或作僕人奴隸之人。

◎**廉貪坐命亥宮**，為雙星俱陷之命格，倘若有劫空在命宮或遷移宮，主一生貧窮。無劫空者，因命坐四馬宮亦會飄蕩，不安定，宜做武職，有薪水可維生。命、財、官有權祿相逢者為佳。有祿存在命宮（壬年生）亦有衣食之祿，有陀羅在命宮或遷移宮的人，為淫賤竊盜之輩，亦為奴僕之人。

◎**火星坐命亥宮者**，其遷移宮亦為廉貪，火星在亥宮落陷，此命不佳，外緣機會亦不好。但有小偏財運，更會暴起暴落，最後為貧窮之人。其人為煞星居陷坐命，環境不良，又急躁，無法工作長久，故容易落入社會低層，為僕役之人。

◎**天梁在亥宮坐命為居陷位**。命坐四馬宮，一生漂蕩不定，貪玩，工作不長久。財帛宮不佳者，更形窮困，丁、己年有擎羊在財帛宮，癸年有擎羊在福德宮者主窮困。

13. 十二宮諸星得地富貴論

【原文】①

子宮得地太陰星，殺破昌貪文曲明，丑未紫破朝日月，未貞梁丑福非輕。

寅宮最喜逢陽巨，七殺天同梁又清，卯上巨機為貴格，武曲守卯福豐盈。

辰戌機梁非小補，戌宮天府累千金，巳亥天機天相貴，午宮紫府梁俱榮。

申宮貞巨陰殺美，酉戌亥上太陰停，卯辰巳午陽正照，紫府巨宿巳亥興。

亥宮天府天梁吉，子宮幾宿亦中平，七殺子午逢左右，文曲加之格最清。

廉坐申宮逢輔弼，更兼化吉禍尤興。

【原文】②

武曲巳亥逢，六甲帥邊庭。貪狼居卯酉，遇火作公卿。
天機坐卯貴，寅月六丁榮。巨卯逢左右，六乙立邊庭。
巨坐寅申位，偏喜甲庚生。二宮逢七殺，左右會昌星。
辰戌遇三宿，必主位公卿。

【解析】

原文①談的是主星在十二宮得旺宮坐命時，會有富貴的論點。但在這其中有些星並不一定居旺，而是居平位的，可是比較起來它對於和自己相同的星曜卻坐於另一個位置宮位時，卻較為旺一點的。只要相照的星曜居旺，也算是有福會稍有富貴的了。

正文解釋：在子宮同陰同宮坐命時，天同居旺，太陰居廟。七殺在子宮居旺。破軍在子宮居廟。文昌、文曲在子宮居得地合格之位。貪狼在子宮居旺。上述這些星都是居旺、明亮的。

在丑宮、未宮，紫破同宮，紫微都是居廟的，破軍都是居旺的。在丑宮，太陽居陷，太陰居廟。在未宮太陽在得地之位，太陰居陷。

在丑宮天梁居旺位。在未宮廉殺同宮時，廉貞居平、七殺居廟。上述這些星曜坐命，都是較有福氣的。

在寅宮，陽巨同宮坐命，太陽為居旺，巨門為居廟。七殺在寅宮為居廟。同梁在寅宮坐命，天同居平，天梁居廟。這些都是清高的命理格局。

在卯宮，有機巨坐命，是為貴格，為『破蕩格』，能白手成家。亦主其人有學術特殊成就。武曲在卯宮是與七殺同宮，在卯宮為較佳之位，在震位。

在辰、戌宮，有機梁坐命，雖然天機居平，但天梁居廟，算是不無小補的了。戌宮有廉府坐命，會具有家財、多富。

在巳宮天機坐命和在亥宮的天相坐命皆主貴命。（表示從公職可有職位）在午宮紫微坐命、武府坐命、天梁坐命，命宮皆在廟旺之位，『命、財、官』也都很好，會有光榮顯達的地位。在申宮廉貞坐命、陽巨坐命、機陰坐命、七殺坐命，命格都很美。（廉貞在申宮居廟，七殺是『七殺朝斗格』，此二命『命、財、官』皆好，是無庸置疑的。但陽巨坐申宮和機陰坐申宮，卻不算很好，『命、財、官』都有瑕疵，必須有吉星和權、祿配合才能為美格。）

酉宮、戌宮、亥宮有太陰坐命的，皆在旺位。（尤其太陰在亥宮為居廟位更佳）。在卯宮、辰宮、巳宮、午宮太陽星是居旺位正照有光芒的（太陽在卯是陽梁同宮，太陽居廟，更旺。太陽在辰、巳、午宮為獨坐，皆居旺位）。在巳、亥宮紫殺坐命、巨門坐命、天府坐命是非常興旺的。（紫殺在巳、亥宮是紫微居旺、七殺居平，有殺星同宮的命格，七殺星會把紫微的層次拉低。天府在巳、亥宮為居得地剛合格的旺位，不算很強。巨門在巳、亥宮居旺，但財、官二位皆不強。）亥宮有天府、天梁星是吉利的。（亥宮天府居得地之位，天梁居陷位，此二星坐命只是性格溫和，不激進，稱之為吉。）

子宮有天機坐命算是中等平和的命格。七殺在子宮、午宮和左輔、右弼同宮，再加文曲星，是命理格局最清貴的格局。

廉貞在申宮逢左輔、右弼同宮，如果更有昌曲、魁鉞等化吉之星來同宮，也是要小心有災禍的呀！（因為廉貞為囚星，主官非，有左、右、昌、曲時，為人更八面玲瓏而大膽，禍由此而興。）

【解析】

原文②談的是某些星曜雖在平陷位坐命，在特定的年份出生，亦會有特殊的際遇，而發福，有成就、出息。

正文解釋：武曲在巳、亥宮坐命，必是與破軍同宮坐命。武破坐命巳、亥宮的人，生於甲年有武曲化科、破軍化權在命宮，亦可有大作為，做武職，可做大將軍震守邊防。（六甲指的是甲子年、甲寅年、甲辰年、甲午年、甲申年、甲戌年）

貪狼坐命卯、酉宮時，必是紫貪坐命的人，遇有火星同度，無論是火星在命宮或遷移宮，會有暴發運，是『火貪格』。一生會有大發展，可主貴，做政府高等公職官員。

天機在卯宮坐命主貴。天機在卯宮必與巨門同宮。機巨坐命的人坐命卯宮，生於寅月、丁年可榮貴。（機巨在卯宮坐命的人主其人從武職，生於寅月，有左輔在辰宮（父母宮）有右弼在戌宮（疾厄宮）可得父母輩及上司的幫助。又生於丁年，有天機化科、巨門化忌在命宮，為人會有專業技能，可有貴顯光榮之事。）

※（六丁指丁丑年、丁卯年、丁巳年、丁未年、丁酉年、丁亥年）。

機巨坐命卯宮逢有左輔、右弼（生於酉月、丑月），乙年生的人，可做武職，在邊疆振守有功。

因乙年有天機化祿、巨門、祿存，再有左輔或右弼在命宮，福德宮有天梁陷落化權，而官祿宮會有另一個左輔或右弼三合拱照的關係。

※（六乙指的是乙丑年、乙卯年、乙巳年、乙未年、乙酉年、乙亥年）。

巨門坐命寅、申宮，為陽巨坐命的人。喜歡生於甲年、庚年。（因甲年中有祿存在寅，會在命宮或遷移宮中出現。而命宮亦有太陽化忌，有『羊陀夾忌』算是不佳。命格中『武貪格』中的武曲化科也不算很強。生於庚年，祿存在申宮，也會在陽巨坐命的命宮或遷移宮出現。命宮中有太陽化祿。命格中的『武貪格』中又有武曲化權，暴發運、偏財運十分強勢，可得大財富或位居顯位，生於庚年較好。）

寅、申宮逢七殺坐命，再在辰宮、戌宮有左輔、右弼，和文昌星，可坐上政府高等主政的職位。

※按七殺坐命寅、申宮，是『七殺仰斗』格和『七殺朝斗格』命格的人，命格本身主貴，在命格中辰、戌宮有左右、文昌，表示是在福德宮和財帛宮宮有左輔、右弼、文昌星（這是生於正月和七月的人。）文昌在辰宮居旺，在戌宮居陷，此在辰宮位佳。七殺坐命寅、申宮的人，財帛宮和福德宮這一類相照的星曜形成『武貪格』暴發運、偏財運格，再有左、右、文昌來助陣，暴發運更為強勢，故此人會有成就。

14. 十二宮諸星失陷貧賤論

【原文】

十二宮諸星失陷貧賤論

丑未巨機為值福，失陷此月福須輕。卯酉不喜逢羊刃，辰戌紫破朝羅網。辰休戌囚貪貞陷，午宮陰巨不堪稱。申宮貪武為下格，酉逢機巨日無精。

卯辰巳午逢陰宿，戌亥逢陽亦不榮。貪殺巳亥居陷地，破軍卯酉不為清。加殺遇劫為奸盜，此是刑邪不必論。

貪狼化祿居四墓，縱然遇吉亦中平。命纏弱地休逢忌，空劫擎羊加火鈴。

若非夭折主下賤，六畜之命不可憑。旺地發福終遠大，陷地崢嶸到底傾。

二論不過五百字，富貴貧賤別得明。

【解析】

丑、未宮逢到巨門或天機入命，本應有福，但在失陷之位，福氣就少了。（因丑、未宮巨門必與天同同宮，是雙星俱陷的位置。天機坐命丑、未宮也是居陷位，他們的『命、財、官』都不算好，故福輕。）

卯、酉宮不喜有羊刃（擎羊星）因卯、酉宮擎羊星為陷落，刑星落陷更凶。辰、戌宮有紫相坐命和破軍坐命，皆是坐於天羅地網宮。（辰宮為天羅、戌宮為地網）。

辰、戌宮為墓宮，貪狼為好運星，運動速度快，在墓宮受限制，故為失陷。廉貞為囚星，在墓宮受囚制，在辰、戌宮又皆居平位，算是已居落陷之位了。

午宮的太陰、巨門都算是落陷。太陰居午宮中和天同同宮，雙星俱陷落。巨門在午宮雖居旺位，但巨門五行屬水，在午宮火位不佳，亦算是居陷。

申宮有貪狼、武曲坐命，為下等格局。申宮貪狼本居平陷之位，因貪狼屬木，在申宮，金木相剋之故，更陷落。武曲在申宮必與天相同宮，因命局中有『日月反背』的格局不佳，且命格中的紫微星居平陷之位，位置整個不佳，故為下格之命。

酉宮有機巨坐命，在學習、專業知識上是不專精的。（因為其代表智慧、學習能力的官祿宮是空宮，又有太陽在得地之位，太陰居陷相照的關係，而不佳。）

卯宮、辰宮、巳宮、午宮有太陰坐命，在戌宮、亥宮有太陽坐命，這些都是居陷坐命，有『日月反背』的格局，因此無法榮貴。

貪狼、七殺在巳、亥宮為居陷地。（貪狼在巳、亥宮必與廉貞同宮，廉貪在巳、亥宮俱陷落。七殺在巳、亥宮居平位，必與紫微同宮，而紫微星是居旺的。紫殺同宮可化殺為權。）破軍在卯、酉宮坐命，不為清正之命。上述這些命格，如果再加煞星或遇地劫星，會為奸佞匪盜之人，這必是刑剋、邪佞的命格，不必談了。

※按破軍在卯、酉宮，必是和廉貞同宮，廉破同宮，雙星皆居平陷之位。又紫殺、廉貪、廉破

等命格，再加羊、陀、火、鈴、劫、空、化忌同宮，會煞多無制，而為盜匪，這也是刑命的關係。

貪狼化祿居於辰、戌、丑、未四墓宮，縱然有吉星同宮和相照，也算是中等平常之命格。

※按貪狼化祿是生於戊年的人，在辰宮、戌宮，皆與武曲相對照，為『武貪格』暴發運、偏財運格。在丑宮、未宮，貪狼化祿會和武曲同宮，亦為『武貪格』。『武貪格』中有貪狼化祿，在錢財的暴發上和事業成就的暴發上俱有無比的威力。但是貪狼和化祿皆屬活躍、運動速度快的星，不喜受制。貪狼是好運星，不喜受囚限制，雖可儲財，但仍為中等平常人之命格，只主富而已。主貴顯的人不多。

命宮主星在陷位時，不能碰到化忌星，再加上天空、地劫、擎羊和火星、鈴星等星，不是會夭折死亡，便是下賤、貧困之命。或低賤到畜牲般的命運。命宮主星在旺位，是福份綿長持久的。命宮主星在陷位，縱有一時崢嶸、露頭角的機會，仍然會暴起暴落，會傾倒的。上述論命宮主富貴和主貧賤的文字，不過是五百個字而已，但是把富貴、貧賤所形成的狀況，分別談論得很清楚了。

15. 定富局

【原文】

定富局

財蔭夾印 相守命，武、梁來夾是也，田宅宮亦然。

財祿夾馬 馬守命，武、祿來夾是也，逢生旺尤妙。

日月照壁 日、月臨田宅宮是也，喜居墓庫。

日月夾財 武守命，日、月來夾是也，財帛宮亦然。

蔭印拱身 身臨田宅，梁、相拱沖是也，勿坐空亡。

金燦光輝 太陽單守，命在午宮是也。

【解析】

財蔭夾印：此應為武相坐命，有天梁在臨宮相夾的命格。

※星曜排列時，天梁必在天相的下一宮位，故在臨宮可以相夾天相。而武曲星通常離天相星較遠，或隔了一個宮位，無法相夾。只有在『紫微在子』、『紫微在午』的命盤格式中與天相同宮最近。此外在『紫微在卯』、『紫微在酉』命盤格式中，武曲、破軍同宮居平，是在天相對宮相照的位置，也十分遠了。故而財蔭夾印，應指武相同宮坐命，或在田宅宮，有天梁相夾的格局。

日月夾財：此應指武貪坐命丑、未宮，有陽巨、同陰相夾命的格局。以武貪坐命丑宮，相夾的日月皆旺為命格。或者是武貪在丑宮為財帛宮，有陽巨、同陰分別在寅宮、子宮來相夾的命格。

財祿夾馬：此為天馬在命宮、有武曲和化祿來夾命的命格，例如癸年生，又生於二月、六月、十月的人，命坐巳宮為太陽、天馬坐命，在辰宮有武曲，在午宮有破軍化祿來相夾命宮中的天馬，稱之財祿夾馬。天馬只會在寅、巳、申、亥宮出現。故『財祿夾馬』只可能出現在巳、亥宮。

蔭印拱身：一般說為有天梁、天相星在身宮之三合宮位中相拱沖照的命格為是。但是天相、天梁只會在臨宮，無法分開在三合宮（中間必需隔三個宮位）。故應該是『陰印拱身』。倘若身宮在『機月同梁』格上，必有太陰、天相來三合拱照，即可形成。

※又身宮只會落在命宮、夫妻宮、財帛宮、官祿宮、福德宮、遷移宮，即一、三、五、七、九、十一宮。不會落在田宅宮，故原文有誤。

日月照璧：此應指日在辰宮，月在戌宮，雙星居旺相照臨。無論是命坐辰宮為太陽坐命，或命坐戌宮為太陰坐命皆是，日在辰宮為田宅宮，月在戌宮為田宅宮亦可算是。並不一定如原文要日月同臨坐田宅宮。

※因為日月同宮時，必在丑、未宮同宮，也其中必有一星會居陷落而不美，亦是不吉。也算不上是日月照璧了。

金燦光輝：指太陽居旺坐命者，或在財帛宮中皆是。並不一定如原文解釋，必須命坐午宮，太陽坐午宮有特別名稱，為『日麗中天』。太陽在卯為居廟，在辰、巳、午宮為居旺，皆會有燦爛的光輝，因此不可局限。尤其陽梁坐命卯宮時，財帛宮為太陰居廟，而太陽坐命午宮時，其財帛宮為空宮，必須有吉星進入財帛宮才會有財祿，故原文有瑕疵。

以上這些格局是主富的格局。

16. 定貴局

【原文】

定貴局

日月夾命 不坐空亡，逢本宮有吉星是也。

月落亥宮 月在亥守命是也。又名月朗天門。

輔弼拱主 紫微守命，二星來拱是也，夾之亦然。

財印夾祿 祿守命，梁、相來夾是也，入財宮亦然。

日出扶桑 日在卯守命是也，守官祿宮亦然。

月生滄海 月在子宮守田宅是也。

君臣慶會 紫微、左、右同守命是也，更會相、武、陰妙上。

祿馬佩印 馬前有祿、印星同宮是也。

坐貴向貴 謂魁、鉞在命，迭相坐拱是也。

七殺朝斗 見前註解。

明珠出海 見前註解。

刑囚夾印 天刑、廉貞同臨身命，主武勇之人。

貪火相逢 請二星守命同居廟旺是也。

府相朝垣 見前註解。

文星暗拱 見前註解。

馬頭帶劍 謂馬有刃是也，不是居午格。

日月並明 見前註解。

日月同臨 見前註解。

科權祿拱 見前註解。

武曲守垣 武守命卯宮是也，餘不是。

紫府朝垣 見前註解。

權祿生逢 二星守命，廟旺是也，陷不是。

擎羊入廟 辰、戌、丑、未守命，遇吉是也。

巨機居卯 見前註解。

明祿暗祿 見前註解。

科明暗祿 見前註解。

金輿扶駕 紫微守命，前後有日月來夾是也。

【解析】

日月夾命：此指武貪坐命丑宮，有陽巨、同陰皆居廟旺之位來相夾命宮。命宮中不可有地劫，天空、化忌、空亡等星，有羊、陀也不佳。有火、鈴可有雙重暴發運格，更主貴顯。

日出扶桑：為陽梁在卯宮坐命，或陽梁在卯宮為官祿宮之意。因卯宮為日門，為日出之位，故稱日出扶桑。

月落亥宮：指太陰在亥宮坐命，又稱『月朗天門』格，亥宮屬水，太陰亦屬水，在水宮自然生旺。

月生滄海：滄海指的是子宮。太陰在子宮，與天同同宮，同陰皆屬水之星，在子宮水旺的宮位生旺。因此同陰在子宮坐命稱之。

輔弼拱主：以命宮中有紫微星，在三合宮位中有左輔、右弼來拱照的命格。或是有紫微在命宮，有左輔、右弼相夾命宮的命格，例如紫破坐命丑、未宮，生於三月、五月、九月、十一月有左輔、右弼分別在子宮、寅宮或午宮、申宮來相夾、相臨紫破的命格，在前後左右來輔助之。

君臣慶會：指紫微、左輔、右弼同在命宮，再有武曲、天相、太陰來照合的命格。例如紫府坐命，生於三月、五月，有一個左輔、右弼在命宮和紫府同宮，在三合宮位中又有武曲、廉相和另一個左輔、右弼來三合照守的命格。

又如紫破坐命丑、未宮，生於四月或十月，有左輔、右弼一起和紫破四星同宮坐命，三合宮位上有武曲。天相在命宮的對宮相照。太陰在四方宮位相照的命格。以紫破在未宮坐命較吉。

財印夾祿：有祿存、化祿在命宮。或財帛宮，亦或是官祿宮，前後有武曲、天相二星相夾，謂之。

※原文有天梁、天相相夾為錯誤。天梁不為財星。天梁和天相的位置緊臨也法相夾祿星。例如祿存在寅，和同梁同宮，前後有天相在丑、武殺在卯相夾，但是有祿存在寅宮，必有羊陀相夾，故此『財印夾祿』應該是夾化祿。例如丙年生有天同化祿在寅，前後有天相、武曲、七殺相夾較為合理。

祿馬佩印：即天馬和祿存、化祿、天相同宮謂之。（此必在寅、申宮）例如寅宮有武曲化祿、天相、天馬同宮即是，或者是祿存、武相、天馬同宮即是。

坐貴向貴：生於甲年、戊年、庚年，有天魁在命宮，對宮有天鉞相照。或是有天鉞在命宮，有天魁相照的命格。天魁、天鉞必在丑、未宮相見，天魁在丑宮、天鉞在未宮。

馬頭帶劍：指擎羊坐命午宮，對宮有同陰在子宮相照的命格。

※按原文解釋『謂馬有刃是也，不是居午格。』一語有問題。因天馬只會在寅、申、巳、亥四馬之地出現，而擎羊（羊刃）不會在四馬之地寅、申、巳、亥宮出現，故馬不可能有『刃』，因此原文有錯。

七殺朝斗：指七殺坐命申宮，朝下。寅宮為紫府的命格。

日月並明：指命格中的太陽、太陰皆在旺位而言之。例如『紫微在巳』、『紫微在午』、『紫微在未』、『紫微在申』，四個命盤格式有此格局。

明珠出海：為文昌、文曲同坐命未宮，有左輔、右弼在午宮、申宮來相夾。命宮對宮有同巨相照的命格，或是左輔、右弼在子宮、寅宮相夾同巨亦可。此謂『明珠出海格』。《明珠出海格在『假如你是一個算命的』一書中有詳細圖解，可參考之。》

日月同臨：有太陽、太陰在三合宮位中居旺相照的命格。天梁坐命丑宮的人合此格。

刑囚夾印：此應指擎羊與廉相同宮坐命的格局。原文謂『天刑、廉貞同破身命，主武勇之人。』為錯誤，這是後人所寫的註解，故多有錯誤。

科權祿拱：命格的『命、財、官』中皆有化科、化權、化祿和祿存，稱之。也就是『命、財、官』的三合宮位中有化科、化權、化祿或祿存。例如甲年生廉破坐命的人，在命宮有廉貞化祿、破軍化權，而官祿宮又有武曲化科、貪狼，『科、權、祿』齊備。

貪火相逢：此即『火貪格』暴發運、偏財運的格式。有火星與貪狼同宮或對照可形成。而且無論在任何宮位皆算。以在命、遷相逢為最佳，主武職崢嶸，主貴。

武曲守垣：『垣』指的是卯宮。武曲在卯宮必與七殺同宮，武曲居平，七殺居旺，是『因財被劫』的格式，不算美格。

府相朝垣：指命坐卯宮為空宮，三合宮位中有天府、天相相朝拱。（此為『紫微在酉』的命盤格式，空宮對宮有紫貪相照。）

紫府朝垣：指紫府在申宮朝向寅宮。（寅宮、卯宮為日出之地，為星垣起算之處，故謂之。）

文星暗拱：指文昌、文曲星在三合宮位中拱照。

權祿生逢：指命宮中有化權、化祿居旺坐命為是。餘不是，主星居陷也不是。例如：己年生武貪坐命的人。命宮中有武曲化祿、貪狼化權，雙星俱在廟旺之位，有極大的暴發力和生殺大權。

擎羊入廟：指擎羊在辰宮、戌宮、丑宮、未宮皆居廟位坐命為是。再遇吉星，如武貪更佳。

巨機居卯：機巨坐命卯宮為『破蕩格』，必家先破後再白手起家之命格。

明祿暗祿：命宮中有化祿或祿存在，再在三合宮位中又遇化祿或祿存謂之。

例如乙年生有天機化祿坐命亥宮的人，在卯宮三合宮位中又有祿存來拱照的命格。

科明暗祿：命宮中有化科星，在三合宮位中再有化祿或祿存相照的命格。例如甲年生有武曲化科在辰宮坐命，又有廉貞化祿、天相在財帛宮出現，是在三合宮位中拱照，如是。

金輿扶駕：為紫微守命，四方宮位有日月來拱照的命格。例如紫破坐命丑宮，在辰宮有太陽，戌宮有太陰，均在四方宮位中拱照紫微星，且諸星皆居旺位稱之。

※原文『紫微守命，前後有日月來夾是也。』一句有瑕疵，因為太陽、太陰不可能在紫微前後緊臨相夾，十二個命盤格式都沒有此現象。

17. 定貧賤局

【原文】

定貧賤局

生不逢時　命坐空亡，逢廉貞是也。

馬落空亡　馬既落亡，雖祿沖會無用，主奔波。

財與囚仇　武、貞同守身、命是也。

君子在野　謂四殺守身，命而言，臨陷地是也。

祿逢兩殺　祿坐空亡，又逢空、劫殺星是也。

日月藏輝　日、月反背又逢巨暗是也。

一生孤貧　謂破守命居陷地是也。

兩重華　謂祿存、化祿坐命，遇空劫是也。

【解析】

生不逢時：凡命理逢空皆為生不逢時。命宮裡有天空星、空亡、地劫等星因空亡、地劫、天空的產生是因生時的時系星所致，故稱生不逢時。

祿逢兩殺：凡是命宮中或財帛宮、官祿宮中有祿存或化祿，又逢空亡（指旬空），再有天空、地劫同在宮位中的情形，稱之。

祿指的是祿星（包括祿存和化祿星。除非在巳、亥宮，會有祿存、空亡、天空、地劫四星同宮，否則是祿星逢空亡和劫空中之一，合稱兩殺（煞星）。此皆不吉，仍是無財、耗財，得不到財祿。

馬落空亡：指天馬與空亡（旬空）同宮，必在寅、申、巳、亥宮。天馬與天空同宮亦是，主其人會奔波勞碌，一事無成，也無財。

日月藏輝：指『日月反背』的格局。

原文中有『又逢巨暗是也。』一句為多此一舉。不必逢巨門暗曜亦是『日月反背』的藏輝格局。

財與囚仇：指武曲居平坐命，而廉貞也居平陷位在身宮，同時身宮亦位於財、官二位的命格。因會三合照守，而不吉。例如武殺坐命的人身宮在財帛宮，財帛宮中又有廉貞居陷的格局，此主貧困之兆。

一生孤貧：指『命、財、官』中多主星陷落，又加煞星多，亦有空、劫、化忌入內的命格。並不一定是如原文解釋稱『破守命居陷地』之謂。因為破軍居陷，必和廉貞同宮。廉破坐命者，財帛宮是紫殺、官祿宮是武貪居廟，一般為中等命格，且有『命、財、官』皆不好的人，才會孤貧窮困。

君子在野：指紫微星和各類殺星同宮坐命，有吉星在對宮或三合宮位相照守的命理格局稱之。因為有小人（殺星）在主位上和紫微同宮並肩平坐，表示其人有奸詐、偽善之狀。紫殺坐命、紫貪坐命、紫微、擎羊坐命者合此格。

兩重華蓋：此格局出自八字神煞。凡華盡入命，皆主孤獨，兄弟少，會過繼與人為子，或為獨子。亦會為僧道、藝術之流的人。女子命中有華蓋，主其為孀寡或填房之命，無子。凡命中有華蓋的人，主其人一生容易幻滅、歇息，無所作為。縱然命宮中主星強勢為貴命，亦主清貴，此星是不利財祿的。

華蓋居於四墓宮辰、戌、丑、未宮入命時稱『兩重華蓋』。因命坐辰、戌、丑、未宮四墓宮，命格亦主孤獨、易孤寡，故稱此為兩重華蓋。此皆不吉之兆，若命宮主星又無財祿可言，『命、財、官』又不好的人，主孤獨窮困潦倒一生。

※前原文解釋為錯誤的。

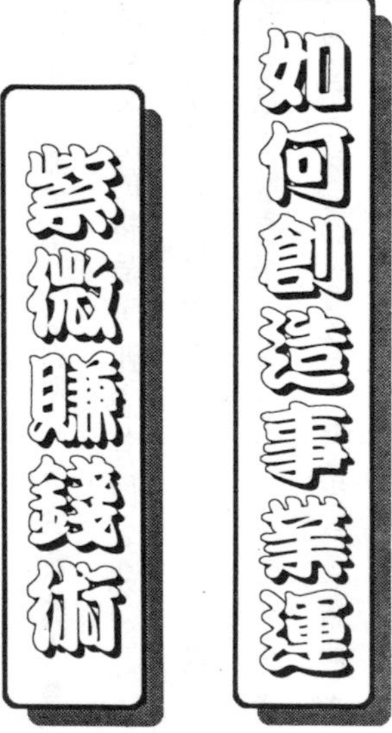

18. 定雜局

【原文】

定雜局

風雲際會　身命雖弱，二限逢祿馬是也。

祿衰馬困　限逢七殺、祿馬、空亡是也。

步數無依　前限接後限連綿不分是也。

吉凶相伴　命有主星，限吉則發，限衰不發是也。

錦上添花　謂限逢吉星而行吉地是也。

衣錦還鄉　少年不遂，四十後行墓運是也。

水上駕屋　一年好一年不好是也。

枯木逢春　謂命衰限好是也。

【解析】

風雲際會：指命宮主星不強，但運限好，或逢暴發運格如『武貪格』、『火貪格』、『鈴貪格』等，有一時的風光好運稱之。

※按原文解釋有誤。

錦上添花：稱命宮中的主星為吉星居旺，而大運的運行方向亦佳，再加上大運、小限流年運好，運在當頭稱之。

祿衰馬困：指人的運限中逢到祿星（祿存、化祿）有煞星或劫空同宮，以及天馬又遇空亡的運限。

※原文解釋有誤。

衣錦還鄉：指中年以後（四十歲）行墓運而暴發的運限。『武貪』、『火貪』、『鈴貪』等格，不發少年人。

步數無依：指人的大運、小限或流年中，一個運好，一個運壞，前運和後運無法連接起來，人的運氣就會浮浮沈沈，感覺上永遠好不起來的樣子。

水上駕屋：指本身的命理格局差，大運又不好，流年又是變化多端，看似搖搖欲墜的模樣，苦不堪言之運限。

吉凶相伴：指吉星與凶星相伴同宮的命格和運限。命格中和限運裡有好的事情，也會有壞事發生。

枯木逢春：指命宮主星不強，居平陷之位，或是運限一直不佳，但走到較好一點的運程時，稱之。

法雲居士⊙著

『紫微姓名學』是一本有別於坊間出版之姓名學的書，
我們常發覺有很多人的長相和名字不合，
因此讓人印象不深刻，
也有人的名字意義不雅或太輕浮，以致影響了旺運和官運，
以紫微命格為主體所選用的名字，
是最能貼切人的個性和精神的好名字，
當然會使人印象深刻，也最能增加旺運和財運了。
『姓名』是一個人一生中重要的符號和標幟，
也表達了這個人的精神和內心的想望，
為人父母為子女取名字時，就不能不重視這個訊息的傳遞。

法雲居士以紫微命格的觀點為你詳解『姓名學』中，
必須注意的事項，助你找到最適合、助運、旺運的好名字。

如何創造事業運

人生中有千百條的道路，
但只有一條，是最最適合你的，
也無風浪，也無坎坷，可以順暢行走的道路
那就是事業運！
有些人一開始就找對了門徑，
因此很早、很年輕的便達到了目的地，
成為事業成功的菁英份子。
有些人卻一直在茫然中摸索，進進退退，虛度了光陰。
屬於每個人的人生道路不一樣，屬於每個人的事業運也不一樣
要如何判斷自己是否走對了路？
一生的志業是否可以達成？
地位和財富能否得到？在何時可得到？
每個人一生的成就，在紫微命盤中都有顯示，
法雲居士以紫微命理的方式，幫助你檢驗人生，
找出順暢的路途，完成創造事業運的偉大工程！

紫微格局看理財

●金星出版●

『理財』就是管理錢財。必需愈管愈多！因此，理財就是賺錢！

每個人出生到這世界上來，就是來賺錢的，也是來玩藏寶遊戲的。

每個人都有一張藏寶圖，那就是你的紫微命盤！一生的財祿福壽全在裡面了。

同時，這也是你的人生軌跡。

玩不好藏寶遊戲的人，也就是不瞭自己人生價值的人，是會出局，白來這個世界一趟的。

因此你必須全神貫注的來玩這場尋寶遊戲。

『紫微格局看理財』是法雲居士用精湛的命理方式，引領你去尋找自己的寶藏，找到自己的財路。

並且也教你一些技法去改變人生，使自己更會賺錢理財！

你的財要怎麼賺

這是一本教你如何看到自己財路的書。
人活在世界上就是來求財的！
財能養命，也會支配所有人的人生起伏和經歷。
心裡窮困的人，是看不到財路的。
你的財要怎麼賺？人生的路要怎麼走？
完全在於自己的人生架構和領會之中，
法雲居士利用紫微命理為你解開了這個
人類命運的方程式，
劈荊斬棘，為您顯現出你面前的財路，
你的財要怎麼賺？
盡在其中！

此書為法雲居士重要著作之一，主要論述紫微斗數中的科學觀點，在大宇宙中，天文科學中的星和紫微斗數中的星曜實則只是中西名稱不一樣，全數皆為真實存在的事實。

在紫微命理中的星曜，各自代表不同的意義，在不同的宮位也有不同的意義，旺弱不同也有不同的意義。在此書中讀者可從法雲居士清晰的規劃與解釋中對每一顆紫微斗數中的星曜有清楚確切的瞭解，因此而能對命理有更深一層的認識和判斷。

此書為法雲居士教授紫微斗數之講義資料，更可為誓願學習紫微命理者之最佳教科書。

金星出版
命理生活新智慧・叢書
VENUS PUBLISHING CO.